W0194672

Tomo Mirko Pavlović
Lesereise Schwarzwald

Tomo Mirko Pavlović

Lesereise Schwarzwald

Schräge Klänge im Wipfelrausch

Picus Verlag Wien

Gedruckt nach der Richtlinie des
Österreichischen Umweltzeichens
„Druckerzeugnisse",
Christian Theiss GmbH, Nr. 869

Copyright © 2019 Picus Verlag Ges.m.b.H., Wien
Alle Rechte vorbehalten
Grafische Gestaltung: Dorothea Löcker, Wien
Umschlagabbildung:
© imago/imagebroker
Druck und Verarbeitung:
Christian Theiss GmbH., St. Stefan im Lavanttal
ISBN 978-3-7117-1096-3

Informationen über das aktuelle Programm
des Picus Verlags und Veranstaltungen unter
www.picus.at

Inhalt

Bollen oder Krone?

Trachten sind wieder beliebt, gerade bei jungen Leuten. Eine sehr geduldige Gutacher Handwerkerin stellt die Brautkronen her

»Zuerst«, sagt Friedhilde Heinzmann lächelnd, »zeige ich den Leuten immer das Foto eines Bollenhuts und einer Schwarzwaldtorte. Und dann sage ich: Daran denken Sie, wenn Sie an den Schwarzwald denken, aber das mache ich nicht. Ich mache *Schäppel*.«

Schäppel, im Dialekt mit weichem »b« gesprochen – was das sein könnte, ahnen allenfalls Kenner des Mittelhochdeutschen: Kopfschmuck. Nichts für Volksfest-Folklore, *Schäppel* darf ohnehin nicht jeder tragen. Das Tragen der Gutach-*Schäppel* ist den Mädchen und Frauen in den Dörfern Gutach, Wolfach-Kirnbach und Hornberg-Reichenbach vorbehalten. Es sind drei evangelische Gemeinden. Der Name *Schäppel* kommt von Schapel, der bestand in der Regel aus einem Kranz aus Laub und Blumen. Der Kopfschmuck der Jungfrauen. Und der berühmteste Hut der Region, der Bollenhut? Er wurde längst in abstrakter Form, drei rote Punkte, zum Piktogramm des Schwarzwaldtourismus.

Ledige konfirmierte Mädchen setzen *Schäppel* an Festtagen wie dem Erntedankfest auf. Und zum letzten Mal als Braut, weshalb der Kopfputz mit den vielen Perlen, Bändern und Pailletten auch Brautkrone genannt wird. Danach ist Schluss, der *Schäppel* kommt in die Kiste, wird für die nächste Generation aufbewahrt. Nach der Hochzeit geht die Frau in Gutach wieder mit Bollenhut. Aber vornehm gesetzt in Schwarz, die roten sind nur für unverheiratete, im Idealfall jungfräuliche Frauen gedacht. »Ohne schwarze Bollen keine roten«, sagt die einundsiebzigjährige *Schäppel*-Macherin Friedhilde Heinzmann. Sie sitzt in der Arbeitstracht in einem Bauernhofstübchen des Falkenhofs im Schwarzwälder Freilichtmuseum in Gutach.

Der Vogtsbauernhof ist das älteste Freilichtmuseum Baden-Württembergs. Gutach liegt im mittleren Schwarzwald im Ortenaukreis, nur etwas mehr als zweitausend Einwohner zählt die Gemeinde. Und dennoch ist Gutach jedem Badener, jedem Württemberger ein Begriff. Denn hier versucht man etwas zu erhalten, was anderswo im Schwarzwald längst verschwunden ist. Im Freilichtmuseum will man nicht nur dem Leben und dem Alltag vom 16. bis zur Mitte des 20. Jahrhunderts gerecht werden, sondern auch den Unterschieden zwischen den einzelnen Ortschaften. Nachdem sich das Museum zunächst landwirtschaftlichen Themen, insbesondere dem ländlichen Lebensstil in den abgelegenen Dörfern, widmete, werden dort seit 1963 historische Gebäude aus verschiedenen Schwarzwaldregionen wieder aufgebaut. Beim Rundgang durch diese Gebäude können die Besucher den bescheidenen Lebensstil vergangener Jahrhunderte nachempfinden.

Hier wurde auf Holzöfen in der Küche gekocht, die gleichzeitig während der Eiseskälte im Winter das Haus heizten. Später kamen die Kachelöfen zum Einsatz.

Doch an diesem Tag braucht es keine bollernden Kachelöfen. Es ist ein warmer Sonntagmittag im Juni. Der Besucherparkplatz ist bereits gut gefüllt, immer mehr Busse rollen heran. Aus der ganzen Welt sind die Leute ins Gutachtal gekommen, Gruppen von Japanern, Indern und Israelis, um an authentisch konservierten Wohn- und Arbeitsstätten, etwa im Falkenhof, Bollenhutmacherinnen, Trachtenschneiderinnen, Korbflechterinnen, Schnapsbrennern, Schwarzwaldmalern und den *Schäppel*-Macherinnen beim Werkeln zuzuschauen. Mit knapp zweihundertzwanzigtausend Besuchern ist man das besucherstärkste volkskundliche Freilichtmuseum in Baden-Württemberg. Der Anteil an ausländischen Gästen im Freilichtmuseum Vogtsbauernhof ist erstaunlich hoch, jeder dritte Besucher reist aus dem Ausland an, wobei die größten Besuchergruppen zuletzt aus Spanien, Frankreich, den USA und Italien stammen.

Jedes Haus auf der sieben Hektar großen Museumsfläche hat seine Besonderheiten. Die Funktionen der Gebäude innerhalb der Dörfer, aus denen sie entnommen wurden, werden auf Schautafeln in knappen Sätzen erklärt. Der Falkenhof, auf dessen Vorplatz die Volkstanzgruppe aus Oberprechtal gleich losschwofen wird, ist ein trutziges Gebäude, dessen Baujahr auf 1737 datiert ist und das ursprünglich im Dreisamtal stand. Ende der neunziger Jahre des letzten Jahrhunderts wurde es hierher versetzt – es war die Rettung vor dem endgültigen Verfall. Von Buchenbach aus ging es nach Gutach in den mittleren Schwarzwald. Zwei Jahre lang, von 1997 bis 1999, hat es gedauert, bis die sogenannte Translozierung des Hauses mit vierzig Metern Länge, sechzehn Metern Breite und gut vierzehn Metern Höhe abgeschlossen war. Der letzte Bewohner lebte im Falkenhof bis 1844, danach wurde der Bau als Wirtschaftsgebäude genutzt. Die Zerlegung des Hofes muss einer Sisyphusarbeit geähnelt haben: Tausende Bretter, Balken und Steine wurden bei der Abtragung von den Arbeitern nummeriert, fotografiert und dokumentiert. Schätzungen zufolge besteht der gesamte Hof aus über fünftausend Einzelteilen, von den Verbindungsteilen ganz zu schweigen. Heute schmiegt sich der schwere Bau an die Hügellandschaft, als hätte er nie woanders gestanden.

In einer Stube rechts neben dem geduckten Eingang, die originalgetreu dem Lebensstandard einer großbäuerlichen Familie Mitte des 19. Jahrhunderts entspricht, hat Friedhilde Heinzmann an einem Holztisch ihr Werkzeug ausgestellt und präsentiert den vorbeikommenden Besuchern ihre so selten gewordene Handwerkskunst. Und es sind nicht nur die Älteren, die Nostalgiebesoffenen, die Früher-war-alles-besser-Fraktion, die hier vorbeidefiliert. Die Soziologen drücken es so aus: Der Wunsch nach Tradition und Geborgenheit in unruhigen Zeiten wächst. Konkret heißt das, gerade junge Menschen tragen hier wieder mit Stolz eine

Tracht. In Süddeutschland vor allem. Lokalpatriotismus ist nicht mehr bäh.

Eine weiße Haarsträhne lugt unter ihrem geblümten Kopftuch hervor, die Gutacher Arbeitstracht schreibt dazu Rock, Schürze und Leinenbluse vor. Pailletten und kleine Perlen in Rot, Blau, Grün, Gold, Silber liegen vor ihr auf dem Tisch in Holzschälchen, die ihr Mann gedrechselt hat. Wenn sie daheim im Arbeitszimmer am Fenster sitzt und arbeitet, trägt sie keine Tracht, aber an einem Feiertag im Museum ist das schöne Pflicht.

Gerade fädelt sie die Perlen auf versilberten Draht mit Kupferkern auf und wird sie später zu kleinen Sträußen zusammenbinden. Die Sträußchen werden wiederum umhüllt von einem Federüberzug. Dass Friedhilde Heinzmann das Schneiderhandwerk gelernt hat, hilft bei der kniffligen Arbeit, die Konzentration und eine ruhige Hand erfordert.

Sobald alle Sträuße gebunden sind, werden sie an einem mit rotem Krepppapier umwickelten Gestell befestigt. »Das ist dann die schönste Arbeit«, sagt Friedhilde Heinzmann. Hinzu kommen die Bänder in Rot und achtundzwanzig kleine runde Spiegel, die von Perlenringen eingefasst sind. »Die Spiegel sollen das Böse abhalten«, erklärt sie. So viel Aberglaube ist auch bei einer evangelischen Tracht erlaubt.

Auch wenn heute Trachten vor allem auf Volksfesten getragen werden, fertigt Friedhilde Heinzmann gelegentlich *Schäppel* an, die tatsächlich auf einer Hochzeit zum Einsatz kommen. Damit die Tradition dieses Handwerks nicht mit ihr endet, hat sie kürzlich in der Gutacher Trachtengruppe eine Bekannte ihrer Tochter gefragt, ob sie ihre Nachfolgerin werden will. Und die sagte Ja. Friedhilde Heinzmann sieht man ihre Genugtuung an. »Ich bin glücklich, dass das Handwerk weitergeht.«

Es muss eine Frau mit Geduld sein. Bis die rund zweitausend Hohlglasperlen, Pailletten, Spiegelchen teilweise fest und teilweise beweglich mit versilbertem Draht an dem Gestell angebracht sind, bis einzelne Perlensträußchen mit roten Bändern in Schleifen gelegt und am Gestell festgebunden sind, dauert es hundert Stunden. Die Braut hat dann ganz schön schwer zu tragen – der ein Kilogramm wiegende *Schäppel* wird mit rot gemusterten Bändern am Kopf festgebunden. »Der Abdruck eines Zehn-Pfennig-Stückes, das zwischen Kopf und Krone gesteckt wird, bleibt noch eine Woche lang sichtbar«, sagt die *Schäppel*-Macherin. Am Tag der Hochzeit werden die *Schäppel* zu dunkler Tracht mit weißem, gestärktem Leinenkragen über dem *Goller* (Halsmäntelchen) getragen. Dazu ein *Liebli*, also ein ärmelloses Oberteil, ein Hemd mit Puffärmeln und ein Steingürtel, ein Samtband mit aufgenähten Glassteinen. *Schäppel* werden seit etwa 1820 hergestellt. Da Glasbläsereien im Schwarzwald damals beheimatet waren, lag es nahe, sich mit gläsernen Perlen zu schmücken, um familiären Reichtum zu dokumentieren.

Die Kleider hingegen waren anders als heute nicht aus Seide. Der in Falten gelegte Rock und die Schwärze dieser Tracht waren ursprünglich aus *Wiefel*, einem einfachen Gewebe aus Wolle und Leinen. Der Stoff wurde mit einer Leim-Appretur glänzend gemacht.

Ganz günstig sind Trachten samt *Schäppel* nicht, der Preis kann bis zu tausend Euro betragen. Auf Dauer ist das aber günstiger, als jedes halbe Jahr tütenweise unter dubiosen Umständen gefertigte Wegwerfklamotten heimzutragen. Dass die prachtvollen Kronen überhaupt noch hergestellt werden können, ist auch Handwerkern in Tschechien zu verdanken. Als Friedhilde Heinzmann ihr Amt von ihrer Vorgängerin vor fünfundzwanzig Jahren übernahm, sagt sie, habe sie Mühe gehabt, vor Ort Hersteller für Hohlglasperlen zu finden: »Viele Firmen gab es gar nicht mehr. Das traditionelle Handwerk der Glasbläserei lohnte sich für viele nicht mehr.« In Osteuropa wurde sie noch fündig. »Hohlglas ist besser, weil es leichter als das schwerere Plastik ist, und wenn die Perlen aneinanderstoßen, klingeln sie auch heller und feiner.«

Tracht, klingelnd oder nicht, sagt nicht nur viel über den Beziehungsstatus der Frau aus, sie ist schlicht praktisch. Kürzlich, erzählt Friedhilde Heinzmann, habe es ein Fest gegeben, die Einweihung eines Hauses im Freilichtmuseum. Was soll man anziehen, damit man nicht zu lässig oder allzu aufgebrezelt erscheint? Die Frage sei leicht geklärt gewesen. Friedhilde Heinzmann und ihr Mann gingen in Gutacher Tracht. Er in schwarzer Hose, samtenem, innen rot gefüttertem Gehrock und Hut mit breiter Krempe. Sie mit schwarzer

Seidenschürze, Jacke und schwarzen Bollen auf dem Hut. Die Fotos von der Veranstaltung zeigen: Das Paar legte einen perfekten Auftritt hin.

Männer, die auf Leder stehen

Einen gepflegten Mann erkennt man an seinen Schuhen. Einsichten und Beobachtungen von einem Schuhputzkurs in Baden-Baden

Pause. Die Männer genehmigen sich eine Stärkung. Beschürzt, mit verschmierten Fingern und aufgekrempelten Ärmeln stehen sie am Büfett. Soljanka, Flammkuchen und »Opas Eiersalat«: Die Mutter von Martin Stoya ist eine tolle Köchin. Es duftet nach Eintopf, Röstzwiebeln – und gewachstem Leder. Ein Weinkorken ploppt. Jemand erzählt einen dreckigen Herrenwitz. Gemeinsames Schuheputzen kann so schön sein. Matthias Vickermann und sein Partner Martin Stoya haben vor fünfzehn Jahren die Schuhmanufaktur im Herzen von Baden-Baden gegründet. Eine mutige Entscheidung. Maßschuhe sind nicht jedermanns Sache, was auch am Preis liegt. Wer bei Vickermann und Stoya Maß nehmen lässt, muss mit einem vierstelligen Betrag rechnen. Je nach Ausstattung und Modell können von der Übertragung der Fußform auf den Leisten bis zur Schlusspolitur dreißig Stunden vergehen. Deutsche Arbeitsstunden. Ein Billigschuh mit geklebter Kunststoffsohle aus einer asiatischen Fabrik ist nach wenigen Minuten fertig – und sieht dementsprechend aus.

»Es ist eine geistlose Stadt. Voll von Schein und

Schwindel und mickerigem Betrug und Aufgeblasenheit – aber die Bäder sind gut.« Das unmissverständliche Notat stammt aus der Feder von Mark Twain, nachdem der amerikanische Tausendsassa 1878 auf seiner Europareise unter anderem die Bäderstadt Baden-Baden besucht hatte. Twain, der sich sein Brot schon als Goldgräber, Reporter in San Francisco und Lotse auf dem Mississippi verdient hatte, war zum Zeitpunkt seines Ausflugs in den Schwarzwald schon ein gemachter Autor. Zu seinen bekanntesten Romanen gehört »Die Abenteuer des Huckleberry Finn«.

»Ich werfe niemandem etwas vor. Wer kein Geld hat, der kann sich nun mal keine Qualität leisten. Was mich allerdings ärgert, das ist ein Mann, der aus einem Porsche steigt und einen billigen Schuh mit schief getretenen Absätzen trägt«, sagt Matthias Vickermann. »Deutschland hat leider immer noch eine dürftige Schuhkultur.« Der Anfangvierziger kommt aus dem Ruhrgebiet, er ist alles andere als elitär. Ein bodenständiger Macher mit einem ausgeprägten Sinn für schöne Dinge. Er liebt die Kunst. Nach seiner Ausbildung zum Steuerfachwirt schmeißt er den Bürojob hin und heuert in der Bäderstadt bei einem Schuhmacher an. Bald erkennt er, dass trotz der Geiz-ist-geil-Mentalität in Sachen Kleidung in Baden-Baden gegen den Trend eine zahlungskräftige Klientel aus dem In- und Ausland unterwegs ist, die für einen maßgefertigten Oxford zweitausend Euro zahlt.

Mark Twain hatte seine Familie mit nach Europa genommen, um in Deutschland, der Schweiz, in Italien, Frankreich und England für sein Projekt eines nicht ganz ernsthaften Reisebuchs zu recherchieren. Auf einer Schwarzwaldwanderung entdeckte er unter anderem, woran man den Reichtum eines Schwarzwaldbauern erkennt – nämlich an der Größe der Misthaufen. Das aus diesen Recherchen entstandene Buch »A Tramp Abroad«, das schließlich 1880 erschien, ist aber eher kein »Bummel durch Europa«, wie gern übersetzt wird, sondern ein skurriles bis amüsantes Sittengemälde.

Die europäische Konkurrenz für Vickermann und Stoya ist freilich groß. Allein in Wien existieren vierzig Maßschuhmanufakturen, mehr als in den meisten süddeutschen Großstädten zusammen. Dennoch wagt Vickermann mit dem Partner den Schritt in die Selbständigkeit. Vickermann fliegt mittlerweile um die halbe Welt und misst alles aus: Spreizfüße, Plattfüße, zierliche Füße. »Mit Maßschuhen kann man gut kaschieren, kleine Männer ein wenig größer machen, winzige Füße länger erscheinen lassen.« Heute finden sich in der Kartei Stammkunden aus Übersee und Sibirien. »Wir sind stolz darauf, dass zwölf Prozent unserer Kunden Frauen sind«, sagt Vickermann grinsend. So ist es nun mal: Frauen orientieren sich beim Kauf mehr an der kurzatmigen Mode, stilbewusste Männer eher an klassischen Modellen: Brogues oder auch Budapester heißen die bekannten Typen. Die Ledersorte? Kalb, Wasserbüffel oder auch Perlrochen – fast alles, was der Artenschutz erlaubt, ist möglich. Jedes Maß wird elektronisch gescannt und gespeichert, jeder Stammkunde hat einen persönlichen Leisten.

An Baden-Baden lässt Twain, wie erwähnt, kaum ein gutes Haar. Mit seinem harschen Urteil liegt der Schriftsteller aber gar nicht so falsch, wobei die »Aufgeblasenheit« auch seit jeher etwas mit dem sozialen Status der Einwohner zu tun hat. Heidelberg wies zuletzt mit durchschnittlich 40,1 Jahren die jüngste Bevölkerung im Land Baden-Württemberg auf, was sicherlich vor allem auf den hohen Anteil von Studierenden zurückzuführen ist. Am ältesten allerdings ist die Bevölkerung in Baden-Baden mit im Schnitt 47,4 Jahren. Baden-Baden ist das genaue Gegenteil einer Studentenstadt. Die Wörter »hip« und »cool« sagt man hier nicht ohne verständnishalber Anführungszeichen in die Luft zu malen.

»Ein Schuhspanner aus Plastik geht gar nicht«, mahnt Vickermann und empfiehlt stattdessen Zedernholz. Das erhalte die Form, leite den Schweiß ab und glätte die Gehfalten, sagt der Chef. Die Räume über der Werkstatt und dem Verkaufsraum – insgesamt stehen rund fünfhundert Quadratmeter zur Verfügung – besitzen die Aura eines englischen Herrenclubs. Dunkles Holz, schwere Ledersessel, Parkett. Hier könnte man auf den Gedanken kommen, einen guten, alten Bourbon zu schwenken, ein Rennpferd zu bestellen – oder mit elf anderen Schuhe zu putzen.

Wer diese Stadt zu Fuß erkundet, gleichgültig ob in Maßschuhen oder in Flipflops, kann schon mal den Eindruck gewinnen, dass dieser fünfzigtausend Einwohner zählende Ort mit seinen Grandhotels, mondänen Villen, dem Casino, den exklusiven Boutiquen, dem Festspielhaus, der Kunsthalle und dem weltberühmten Museum Frieder Burda, den Thermen und der prachtvollen Parkanlage mit der grün gesäumten Lichtentaler Allee schon ein angenehmer Ruhesitz für Millionäre aus aller Welt ist. Im 19. Jahrhundert entwickelte sich die ehemalige Residenzstadt der Markgrafschaft Baden auch dank der Einnahmen aus der Spielbank zu einem bedeutsamen Treffpunkt der Hautevolee.

Neunundsiebzig Euro inklusive Verpflegung kostet die Teilnahme am Abendkurs, der regelmäßig ausgebucht ist. Einzige Bedingung: Jeder bringt ein wenig Geduld und seine eigenen Schuhe mit. Schürze, Bürsten und Cremes werden gestellt. Vickermann macht's vor, die Runde gehorcht, Kollege Stoya assistiert den Putztölpeln. Die heutige Gruppe? Gastronomen, Fotografen, Ingenieure im Alter von einunddreißig bis fünfundsechzig Jahren. Gestandene Männer.

Doch der Beruf sagt nichts über den Geschmack aus. Martin Stoya sieht mit einem Blick, aus welchem Leder ein Schuh gemacht ist, hört die Kuh muhen, den Gaul wiehern, bestimmt anhand der Poren des Obermaterials das ungefähre Alter des Tieres sowie die Körperstelle, von der das Leder entnommen wurde. »Die feinporigen Rückenteile vom Nacken bis zum Schweif sind die besten«, sagt Martin Stoya. Er betet die Marken herunter wie ein Katholik den Rosenkranz. Boss und

Lloyd gehen schon, besser sind Dinkelacker und Church's. Von modischem Schnickschnack hält er wenig. Er schnüffelt an Schuhen wie andere am Wein. Unglaublich.

Das Klima am Nordrand des Schwarzwalds ist wunderbar, die Grenze zu Frankreich und den Vogesen ganz nah. Hier riecht es nicht nach großen Misthaufen, es duftet nach viel Geld. Das Baden-Badener Bruttoinlandsprodukt pro Kopf liegt weit über dem nationalen Durchschnitt. Auch das Auge darf sich an den Fassaden satt- und glücklich sehen: Die Bausubstanz ist im Vergleich zu anderen deutschen Städten hervorragend, das Denkmal Baden-Baden wurde von den Luftangriffen im Zweiten Weltkrieg nahezu verschont. Man kommt, um zu bleiben, wenn man es sich leisten kann. Ein edles Pensionopolis also. Wer unter Neidattacken leidet oder Schulden hat, sollte Baden-Baden besser weiträumig umfahren.

Am Anfang heißt es stets: bürsten, bürsten, bürsten! Mit Rosshaar. Die Richtung ist unwichtig. Aber bitte mit der Hand im Schuh. Es staubt. Die Luft wird schnell trocken. Ohne ein Schlückchen Bier geht da nichts. Aus einer Schwarzwälder Brauerei versteht sich. Durchatmen. Und weiter. Nun wird eine zum Lederschuh farblich passende Creme vorsichtig mit einer Bürste aus Schweinsborsten aufgetragen. Nicht zu viel, nicht zu wenig, am Rahmen bitte etwas mehr. Das dauert. Der mit dem zweifarbigen Schuh mit Lochmuster flucht leise. Danach muss die überschüssige Farbe mit einem um den Zeige- und Mittelfinger gewickelten Lappen weggewischt werden. Einwirken lassen. Manche sehen aus, als hätten sie gerade eine Schicht im Flöz hinter sich.

Seit mehr als hundertvierzig Jahren gehört das Friedrichsbad zu den Wahrzeichen Baden-Badens. Der im Renaissance-Stil errichtete Bau galt bei seiner Eröffnung im Jahre 1877 als das modernste Badehaus Europas. Das antike Ambiente des Badetempels aus dem 19. Jahrhundert gewährt zwischen kunstvoll verzierten Duscharmaturen, handgemalten Majolika-Kacheln und dem opulent gestalteten Kuppelsaal einen Einblick in jahrhundertealte Badetraditionen. Mark Twain hat hier auch schon geplanscht und sich mit dem Lob »Nach zehn Minuten vergessen Sie die Zeit und nach zwanzig Minuten die Welt« auf ewig in die Herzen der Touristiker dieser Stadt eingeschrieben. Doch Twain hat noch eine andere, wenn auch schmerzvollere Methode gefunden, um dem schnöden Alltag zu entsagen: »Wer alle Sorgen dieser Welt vergessen will, braucht nur Schuhe zu tragen, die eine Nummer zu klein sind.«

Hermann ist fünfundsechzig Jahre alt, ein Bauingenieur aus Rastatt. Seine Schuhe passen, über zu klein gekaufte Schuhe kann er nur milde lächeln. Humorvoller Typ, sehr gepflegt, angenehm würziges Rasierwasser. Hermann hat die teuersten Schuhe am Tisch. Schwarze, rahmengenähte Derbys aus Amerika. Pferdeleder. Von Alden. Kenner sehen das sofort, die gibt's nicht unter sechshundert Euro. Anerkennende Blicke. »Ich putze am liebsten in Gemeinschaft«, sagt er, da werde er nostalgisch, weil ihn das an die Zeit im Internat erinnere.

Nach der Pause sitzen die Herren mit ihren weichen Ziegen- und Rosshaarbürsten und polieren. Draußen ist es dunkel geworden. Andere Männer sitzen jetzt zu Hause bei ihren Frauen oder Geliebten. Ob sie auch so viel Spaß haben? Vickermann empfiehlt einen Trick: Mit dem Spucken auf die Bürste poliert es sich schöner. Alle spucken. Super.

Zuletzt kommt die Kür, die Wasserpolitur. Mit dem Tuch um den Finger tunkt man ein bisschen Creme in eine Pfütze Wasser und wischt. Sebastian, der Sitznachbar, sieht, dass der Autor kein Naturtalent ist. Der vierundvierzigjährige Unternehmensberater ist tadellos angezogen, hat lange in London gearbeitet. Maßhemd von Jesper Ploug aus Stuttgart, Schuhe von Church's. Er steckt die manikürte Hand in die fremde Stiefelette, tunkt und wischt, geradezu zärtlich, bis die Schuhspitze wie eine Weihnachtskugel glänzt. »Wunderbar. Wie neu«, sagt er. Ja. Und ich denke: Was gibt es Schöneres, als sich von einem erfolgreichen Unternehmensberater in Baden-Baden die Schuhe putzen zu lassen?

Heideggers Holzweg

*Der Todtnauberg im Südschwarzwald ist für Freunde
der Philosophie ein besonderer Ort. Denn dort verfasste
Martin Heidegger sein berühmtes Werk »Sein und
Zeit«*

Elfride. Oder Elfriede. Der Unterschied ist winzig.
Und je nachdem, ob wir uns mit der einen oder
der anderen Dame im Kopfe auf die Wanderung
machen, sehen wir ihn in anderem Licht auf dem
Berg stehen: Martin Heidegger, den – wie viele mei-
nen – größten Philosophen des vergangenen Jahrhunderts. Er hackt. Er sägt. Er trinkt Kaffee. Er steht
am Brunnen. Er liest. Oder: Er schreitet einsam auf
dem Kiesweg, dort droben, wo:

Wälder lagern
Bäche stürzen
Felsen dauern
Regen rinnt.

Fluren warten
Brunnen quellen
Winde wohnen
Segen sinnt.

Segen sinnt? Heideggers Lyrik war nicht der Hit.
Das Beispiel mit dem Titel »Aus der Erfahrung des
Denkens« aus dem Jahr 1947 zeugt von einer gewis-

sen poetischen Einfältigkeit. Es reimt sich, immerhin. Regen rinnt, Segen sinnt. Und der Philosoph? Der spinnt. Doch welcher Philosoph war auch ein begabter Dichter? Beginnen wir also mit: Elfride. Mit zwei »e«. Der Ehefrau von Heidegger. Dessen bekanntestes Werk, die 1927 publizierte Schrift »Sein und Zeit«, wird zum größten Teil auf einer bescheidenen Hütte in Todtnauberg geschrieben. Ein ruhiger Fleck, ein wenig über tausend Meter hoch, im südlichen Schwarzwald, wo er zeitlebens – er stirbt 1976 – ein Refugium hat.

Elfride hat dafür gesorgt, dass ihr Mann die nötige Ruhe für seine Arbeit findet. Mit den letzten Ersparnissen kauft das Ehepaar Anfang der zwanziger Jahre einem Bauern ein kleines Grundstück ab, in einer Gegend, die der jungen Frau von Skiferien aus der Jugend bekannt ist. Während Heidegger als Privatdozent und Assistent von Edmund Husserl an der Freiburger Universität allmählich ob seiner aufsehenerregenden Aristoteles-Interpretation zum Star – manche sagen verächtlich zum Scharlatan – der deutschen Philosophie avanciert, lässt Elfride die Hütte von einem ansässigen Zimmermann nach eigenen Plänen bauen. Zwei Jahre später, im August, ist es bezugsfertig: ein karges Häuschen mit den typischen Schindeln auf den Außenwänden, spartanisch ausgestattet, die ersten Jahre stromlos. Es heißt, er habe sich erst 1962 den ausschweifenden Luxus eines Radios gegönnt – der Kubakrise wegen. Allein um so wenig Ablenkung auszuhalten, braucht es einiges an Selbstdisziplin und Askese. Heidegger war nun mal kein Schrebergärtner, der ständig nach der Petersilie guckt. Nein, Heidegger war auf dem Berg, mit seinen eigenen Worten aus »Sein und Zeit« gesprochen, meistens auf sich selbst »geworfen«. Das ist der typische Heidegger-Sound, der bis heute niemanden kaltlässt, so wenig wie das Werk selbst, das stets zu heftigen Debatten, etwa um sein Engagement für den Nationalsozialismus, geführt hat. Genau das aber verhinderte oftmals den Zugang zu seiner Philosophie – und einer Sprache, die irgendwie deutsch klingt, nur urtümlicher. Unverständlich. Auch lustig. Zu seinen unheimlichsten Vokabeln gehört das »Gestell«, mit dem er die »Technik« meinte. Heidegger versuchte, den Wörtern ihren ursprünglichen Sinn zurückzugeben und erreichte damit eine völlig neue Verdichtung des Ausdrucks. Und wenn einer mit der Technik, pardon, mit dem Gestell seine Probleme hat, dann klingt das so: »Das Wesen der Technik ist das Gestell, das Wesen des Gestells ist die Gefahr, das Gefährliche der Gefahr ist das sich verstellende Wesen des Seins selbst.« Kurzum und sehr grobschlächtig paraphrasiert: In der Natur wohnt das Glück! Auch wegen dieser Technikskepsis war und bleibt für Heidegger-Jünger und -Adepten dieser Ort südlich des Feldbergs ein geheiligter, ein von existenziellen Gedanken und brillanten Wortgebilden umwehter Meisterberg.

Zutiefst menschlich, das. Sich einem Denker, einem Schriftsteller oder Maler körperlich zu nähern, auch wenn dieser längst nicht mehr ist. Wer Davos sagt, denkt auch an Thomas Mann. Wer

Calw hört, hat schnell Hermann Hesse im Sinn. Kulturmenschen spüren dann etwas.

Irgendetwas eben. Heideggers Hütte in Todtnauberg ist bis heute im Privatbesitz der Erben. Man kommt auf einem kurzen Sackweg abseits der Hauptroute nah heran, aber nicht hinein. Nicht stören, bitte. Die Familie hält die Hütte gut in Schuss, verhindert allerdings mit einem Zaun ungebetene Besuche. Seit einiger Zeit ist es aber möglich, Heideggers Aura in dem Luftkurort auf einem gut sechs Kilometer langen ausgeschilderten Rundweg zu erfühlen. Und zumindest jene Wege abzuschreiten, die der Philosoph allein oder mit illustren Gästen einst regelmäßig mit seiner Gegenwart beehrte: der Philosophenkollege Hans-Georg Gadamer, der schriftstellernde und Käfer sammelnde Ernst Jünger, der Herausgeber des Nachrichtenmagazins *Der Spiegel* Rudolf Augstein. Sowie: Paul Celan. Ja, auch er, der große Dichter der »Todesfuge«, dessen Eltern in einem Zwangsarbeiterlager in der Ukraine umgekommen sind – der Vater starb an Typhus, die Mutter wurde von einem SS-Mann erschlagen –, kommt nach einer Vorlesung an der Freiburger Universität im Sommer 1967 mit auf die Hütte seines Bewunderers Heidegger, dorthin also, wo Winde wohnen und der Segen sinnt.

Am Radschert, bei der Jugendherberge unweit des Parkplatzes, steht ein aufgepflocktes Auftaktschild, auf dem ein lächelnder Heidegger gewissermaßen als Wanderführer auf sich und seinen geliebten Locus amoenus einstimmen will. Und schon knirscht es unterm Schuh, schon schnauft die Lunge, schon denkt der Kopf: Hier lässt es sich tatsächlich gut grübeln. Und, mal ehrlich, wenn man gerade auch nichts im Kopf herumwälzen muss, schreitet man einfach etwas bedächtiger voran, um klug, nein, klüger auszuschauen. Blickt etwas angestrengter ins Tal und legt die Arme rücklings an: Das kommt schon gut. Es geht leicht und – in Meisters Sinne – stilvoll voran, gerne auch in stabilem Schuhwerk und gedeckten Stofftönen. Heidegger selbst hatte sogar auf der Hütte eine dunkle Krawatte an, was auf dem Foto der dritten Tafel zu sehen ist. Das Jakobuskreuz und die besagte Hütte liegen hinter einem, der Weg ist eben und – einsam. Zwei Mountainbiker, eine Handvoll Wanderer, mehr nicht. Und natürlich Kuhglocken. Natürlich.

Rechter Hand liegt Todtnauberg im Tal, eine kleine Menscheninsel inmitten hügeliger Matten. Jetzt durch den Rütteberg, es wird waldiger. An der weißen Kapelle scharf rechts und dann hinunter in den Todtnauer Ortsteil Rütte. Zwei Drittel der Wahrheit liegen nun hinter einem. Was folgt, ist der letzte, schweißtreibendere Teil. Und da schleicht sich auch die zweite Elfriede, jene mit den drei »e«, ins müde Hirn. Elfriede Jelinek. Seit mehr als vier Jahrzehnten spielt die 1946 geborene Österreicherin zu den einflussreichsten Persönlichkeiten in der deutschsprachigen Literaturszene, hat sie den Part des Wiener Spießbürgerschrecks und der Gefeierten der Feuilletons inne. Ein Drama der Jelinek aber hat just jenen Berg zum Thema, den man gerade wieder schleppend hinaufwankt: »Totenauberg«, 1992 im Wiener Akademietheater uraufgeführt und mit Ovationen belohnt. Unschwer und nicht nur am Titel zu erkennen sind die allzu deutlichen Anspielungen auf den Philosophen: »Der alte Mann« ist Heidegger, hinter »Die Frau« verbirgt sich keine geringere als Hannah Arendt. Sie, die berühmte Politologin und einstige Schülerin Heideggers, war auch dessen Geliebte.

Auf der Hütte trafen sich die beiden, was auf keinem der Rundweg-Schilder vermerkt ist. Es steht lediglich: »Seine Schüler lud er ebenfalls hierher ein«. Hätte die Idylle gestört, die Anekdote. Genauso wie die lästigen Fakten um das Rektoramt der Freiburger Universität, das Heidegger 1933 übernahm. Am 1. Mai trat er in die NSDAP ein. Am 27. desselben Monats hielt er die Rektoratsrede. Zum Handlanger der Nazis wurde Heidegger, als er zum Lehrstuhlnachfolger Edmund Husserls ernannt wurde, seines ehemaligen Lehrers. Husserl aber war der bedeutendste jüdischstämmige Philosoph des 20. Jahrhunderts. Er starb 1938 in Freiburg, nachdem er 1933 – kurz nach Heideggers Amtsübernahme – mit rassistischer Begründung die Lehrerlaubnis verloren hatte. 1937 wurde Husserl aus seiner Wohnung vertrieben. Nicht wenige Heideggerianer verdrängen dieses verschattete Bild, sehen ihren Meister am liebsten auf seiner Hütte im Hochschwarzwald mit der von seiner Frau gestrickten »Geistesmütze« herumlaufend, als verschrobenen Provinzler. Als philosophischen, etwas geschichtsblinden Nerd. Doch das ist nur die halbe, wenn auch tourismusfördernde Wahrheit.

Auf dem Berg war der zipfelmützige Heidegger vielleicht ein tollkühner Gedankenjäger, ein Eremit und Freund des Einfachen. Unten im Tal wurde er allerdings zum Karrieristen und geistigen Brandstifter. Später wird sich Heidegger von dieser Phase distanzieren.

Doch es bleibt ein brauner Fleck – der allerdings den leuchtenden Verdienst um die Philosophie nicht beschmutzt. Heidegger und der Todtnauberg – sie waren seit jeher Symbole für eine intellektuelle Leistungsschau und Heimatromantik deutscher Prägung. Elfride Heidegger hielt zeitlebens zu ihrem Mann, galt als starke Frau, die die Affäre ihres Gatten wie auch die deutschen Verbrechen stillschweigend ignorierte. Die Fassade war alles, Wegschauen eine Tugend. Und Elfriede Jelinek sieht diese Haltung im Todtnauberg versinnbildlicht.

Am Parkplatz Radschert angekommen, wo der Marsch erst mit Elfride anfing und mit Elfriede fortgesetzt wurde, spürt man sich. Das Herz hoppelt, als wollte es aus dem Brustkorb wandern. Weil es doch etwas Besonderes war, mit zwei aufregenden Frauen gleichzeitig den Meisterberg zu erkunden.

Die haben einen Vogel

Ein Schwarzwälder Traditionsprodukt stand lange unter Kitschverdacht. Doch die geliebte wie verhasste Kuckucksuhr ist moderner geworden. Und nicht jeder ist davon begeistert

Jogi Löw hat eine. Manuel Neuer hat ebenfalls eine geschenkt bekommen. Auch Udo Lindenberg besitzt eine. Prinz William und Herzogin Kate haben eine überreicht bekommen. Selbst Iron Maiden, die eher auf Heavy Metal als auf leichtes Schnitzholz stehen, haben eine hängen. Und Wladimir Putin? Der hält gleich drei Stück bei sich im Kreml in Ehren. Kuckucksuhren. Made in Black Forest. Aus der Manufaktur Rombach und Haas in Schonach.

Normalerweise müssten die beiden an diesem Montag in ihrer Werkstatt an der Hauptstraße der gerade einmal viertausend Einwohner zählenden Gemeinde im mittleren Schwarzwald aufgelaufene Bestellungen abarbeiten, Skizzen machen, Uhrwerke einbauen, den Versand organisieren, Ziffernblätter bemalen, Kunden bedienen: Conny und Ingolf Haas, das Schonacher Uhrmacherpaar. Seit 1894 tickt es in dem alten Bauernhaus mit dem kleinen Schauraum, damals begann die wechselvolle, letztlich erfolgreiche Geschichte der Fertigung und Reparatur traditioneller Schwarzwalduhren, zumindest in Schonach. Rombach und Haas, kurz Romba, beschäftigt heute acht Mitarbeiter, ein

Uhrmacher wird derzeit gesucht. Gar nicht einfach, bei der brummenden Konjunktur gutes Personal nach Schonach zu locken. Man liegt ein wenig ab vom Schuss.

Auch deswegen stehen Conny und Ingolf Haas, die nunmehr in vierter Generation den Betrieb in Schonach führen, an diesem Montag nicht in ihrer Werkstatt. Sie repräsentieren lächelnd, Hände schüttelnd und Prospekte verteilend ihre Gemeinde wie auch ihre Branche auf der CMT, der weltweit größten Publikumsmesse für Tourismus und Freizeit in Stuttgart, der Landeshauptstadt Baden-Württembergs.

Der Stand mit den Pavillons der verschiedenen Schwarzwaldvermarkter in Halle 6 ist riesig. Die beeindruckende Messefläche ist Ausdruck eines gewachsenen Selbstbewusstseins. Vorbei die Zeiten, als dem Urlaub im Schwarzwald etwas Spießiges und Rückständiges anhaftete, die Hoteliers sämtliche Wellnesstrends verschliefen, die schneereichen Winter ausfielen und die Skifahrer in den Alpen ihr weißes Glück suchten, zahlreiche Kurbetriebe mangels Kassenpatienten aufgeben mussten, die handwerklichen Produkte und bäuerlichen Erzeugnisse aus dem Südwesten nur noch milde belächelt wurden, weil Regionales und Nachhaltigkeit noch nicht hip waren. Seit Jahren verzeichnet der Schwarzwald wieder steigende Besucherzahlen. Die Genussmenschen und die Naturfreunde, die Aktivurlauber sowie die Bewunderer der süddeutschen Handwerks- und Ingenieurskunst, ob alt oder jung, von nah und fern – sie alle finden wieder oder erstmals den Weg in den überhaupt nicht mehr so ollen Schwarzwald. Das Interesse gibt den Touristikern recht.

Die Halle ist schon am Vormittag brechend voll, ein zähflüssiger Besucherstrom drückt durch die Reihen, man schiebt sich gegenseitig von Stand zu Stand. Ein olfaktorischer Spießrutenlauf. Irgendwo duftet es nach Schwarzwälder Schinken und Schnaps, aber auch nach dem Messeschweiß der Urlaubssehnsüchtigen aus aller Welt. Und mittendrin stehen Ingolf Haas und seine Conny, er in einer Trachtenjoppe in Rot, sie geschmückt mit einer Brosche aus winzigen roten Bollen. Ein kreatives Zitat wie so vieles im nicht unanstrengenden Berufsleben des Ehepaars. Kuckucksuhren bauen kann ja nicht so schwer sein, denkt man sich. Ein stilisiertes, von hölzernen Blättermotiven und Hirschgeweihen umranktes Bahnwärterhäuschen mit Schrägdach, vor dem sich winzige Tänzer, Mönche oder Ziegenböcke zu jeder vollen Stunde zum Ruf des Kuckucks bewegen. Das kennt jeder. Was soll daran so schwierig sein? Doch Ingolf Haas wollte mehr als das Erwartbare und sagt heute mit erhobenem Zeigefinger: »Kunst als Berufung, Uhren als Beruf!« Seinem eigenen Credo folgend begannen er und seine Frau im Jahr 2005 das bestehende und millionenfach kopierte Design infrage zu stellen. Sein Vater, der Uhrmachersenior im Hause Haas, war anfangs skeptisch, ganz klar. Was aber nichts im Vergleich zu den pöbelnden Besuchern einer Fachmesse in St. Georgen war, wo das Ehepaar Haas die ersten Alternativen zu den herkömmlichen Kuckucksuhren ausstellte. »Es war der Wahnsinn«, erinnert sich Ingolf Haas. »Das ging bis zur Androhung von Prügel.« Die Ablehnung mag einen heute wundern, doch die Antwort auf das Warum und Weshalb weiß Conny Haas. »Die Kuckucksuhr ist bis heute emotional besetzt. In jedem Schwarzwälder und vielen deutschen Haushalten fand sich so eine Uhr«, erklärt sie. »Die Kuckucksuhr steht für Heimat, für Geborgenheit.« Kein Wunder also, dass die Veränderung des klassischen Aussehens nicht nur bei dumpfen Schwarzwaldpatrioten zu allergischen Reaktionen führte. Schließlich war und ist die Kuckucksuhr mehr als ein schrulliges Klischee, das Souvenir schlechthin: Sie steht für den Schwarzwald wie der Bollenhut und die Kirschtorte.

Wie es dazu kam, dass die Schwarzwälder sich, ähnlich wie die Schweizer, in der ganzen Welt als Uhrmacher einen Namen machten, kann man im Uhrenmuseum in Furtwangen erfahren. Der Ort liegt südlich von Schonach, keine zwanzig Minuten mit dem Auto entfernt. Die Sammlung umfasst achttausend Objekte, ungefähr dreizehnhundert Uhren gehören zur Dauerausstellung, und es sind längst nicht nur Kuckucksuhren zu bestaunen, sondern auch Sonnenuhren oder Atomuhren. Im Sommer, hauptsächlich in der Urlaubszeit, werden Workshops für Kinder und Jugendliche angeboten, in denen sie eine einfache Uhr selbst zusammenbauen und so die mechanischen Funktionen der Zeitmesser veranschaulicht bekommen. Und eben hier, in Furtwangen, im tickenden Herzen des Südwestens, wird einem auch klar vor Augen geführt, dass das vermeintliche Original aus dem Schwarzwald, die so verehrte wie verhasste Kuckucksuhr in ihrer Urform – als Holzkasten – gar nicht im Schwarzwald erfunden wurde.

Zwar fluteten die Schwarzwälder Uhrenhersteller Mitte des 19. Jahrhunderts geradezu die Welt mit ihren Kuckucksuhren. Jährlich wurden Hunderttausende hergestellt und bis nach Amerika und China exportiert. Tatsächlich aber kamen die Vorläufer der Kuckucksuhren im 17. Jahrhundert aus Böhmen. Zurückkehrende Glasträger hatten sie als Mitbringsel dabei. Die Männer handelten mit Holz und Glas, das in den böhmischen Glashütten gewonnen wurde. Es waren einfach gefertigte Exemplare, die sie im Gepäck hatten, allesamt Unikate, von einzelnen Meistern komplett zusammengebaut. Diese Wanduhren waren wesentlich günstiger als die seinerzeit üblichen Zeitmesser aus Eisen. Noch besser daran war allerdings, dass man ihre Bauweise leicht imitieren konnte. Mehr noch: Die Schwarzwälder begriffen früher als andere, dass sich mit der seriellen Fertigung Kosten sparen ließen. Man unterteilte die Produktion in verschiedene Arbeitsschritte, lagerte selbige aus und konnte so die Fertigungskosten und damit den Preis für eine einzelne Uhr nochmals senken. Plötzlich gab es neue Spezialisten, die in Heimarbeit oder größeren Werkstätten am Welterfolgsprodukt Schwarzwalduhr ihren Anteil hatten. Es waren Schildermaler, Uhrwerkbauer oder Schreiner von Uhrenkästen und Holzgestellen.

Ihr Pensum durch die arbeitsteilige Serienfertigung war beeindruckend. Um 1750 benötigte man noch durchschnittlich eine Woche für die Produktion einer Uhr. Ende des 18. Jahrhunderts war eine Uhr pro Tag möglich. Diese Uhren waren konkurrenzlos billig, bald schon kam jede dritte Uhr auf der Welt aus einer Schwarzwälder Werkstatt.

Doch die Konkurrenz schlief nicht. Die US-amerikanischen Uhren kamen mittlerweile aus richtigen Fabriken, was ihre Herstellungskosten mindestens so günstig machte wie ihre Vorbilder aus Süddeutschland. Zudem wirkten die Uhren moderner gestaltet, einfach zeitgemäßer – weil weniger ornamental und deutlich reduzierter in der Form- und Farbgebung. Auch die Materialanmutung war qualitativ hochwertiger: Statt Uhrwerke aus Holz verbauten die Amerikaner Antriebe aus Metall. Plötzlich sah die Schwarzwälder Uhr richtig alt aus. Wer etwas auf sich hielt im 19. Jahrhundert, hängte sich eine stilvolle amerikanische Uhr an seine bürgerliche Stubenwand.

Die amerikanische Konkurrenz blieb nicht folgenlos. In Furtwangen hatte man schließlich eine Idee: Die gerade frisch gegründete Uhrmacherschule rief einen Innovationswettbewerb aus. Kreative Geister waren aufgerufen, moderne Entwürfe für eine ganz neue Schwarzwälder Uhr einzusenden. Friedrich Eisenlohrs Idee gewann. Kein Unbekannter. Der Mann war von Haus aus Architekt, von ihm stammten schon die Pläne für die badischen Bahnhöfe und Bahnwärterhäuschen. Seine innovative Kuckucksuhr war so etwas wie ein Zitat seiner bisherigen Arbeiten. Die Eisenbahn war ein relativ neues und für viele immer noch spektakuläres Verkehrsmittel. Ausdruck dieser Zukunftseuphorie waren immer größere Bahnhofstempel, mit denen sich die Metropolen schmückten. Die Verniedlichung dieser Begeisterung für die Eisenbahn und all ihre technischen und infrastrukturellen Ausformungen fand sich im neuen Design der Schwarzwälder Uhr wieder: Es war ein stilisiertes Bahnwärterhäuschen mit Zifferblatt und Kuckuck im Dachgiebel.

Gleichzeitig mit der Innovation kam auch die Industrialisierung in den Schwarzwald. Die Nachfrage nach guter deutscher Tüftlerkunst war immens, die kleinen Manufakturen konnten das längst nicht mehr stemmen. Nun wurde also richtig geklotzt, ganze Fabriken entstanden, die bekanntesten hießen Junghans, Kienzle und Mauthe. Ihre Stückzahlen gingen in die Zigmillionen, längst waren auch die schlicht gestalteten Schwarzwälder Armbanduhren zu Symbolen für den wirtschaftlichen Aufschwung geworden. Kaum ein Konfirmand, nur wenige Abiturienten, die im Süden Deutschlands zur Feier des Tages keine Armbanduhr von Junghans oder Kienzle geschenkt bekamen.

Das ging lange gut, so lange, bis man wieder den Druck der ausländischen Konkurrenz zu spüren begann. Doch dieses Mal gab es keinen Ideenwettbewerb, kein Heureka für ein neues, aufregendes Design, das den Schwarzwälder Uhrmachern die Arbeitsplätze gesichert hätte. Das Problem war auch nicht das Design, sondern das Uhrwerk. Quarzwerke wurden nun verbaut, wer seine Produktion nicht schnell genug umstellte, verlor Marktanteile. Denn dank der Mikroelektronik konnte man um 1970 erste Quarzuhren für den Massenmarkt bauen. Schnell setzte insbesondere bei Autouhren, Wand- und Tischuhren ein mächtiger Preisverfall ein. Kaum später waren Quarzuhren billiger als herkömmliche mechanische Zeitmesser, dabei deutlich genauer und bis auf den Batteriewechsel weitgehend wartungsfrei. Die Folge: Entlassungen. Anfang der siebziger Jahre des 20. Jahrhunderts setzte der Niedergang der florierenden Uhrenindustrie im Schwarzwald ein. Die ersten, die es traf, waren Uhrenfirmen, die hauptsächlich mechanische Uhrwerke in traditioneller Weise gefertigt hatten. 1974 meldete die Weckerfabrik Josef Kaiser in Villingen Konkurs an, 1975 folgte Blessing in Waldkirch, 1976 war Mauthe in Schwenningen am Ende. Die einzigen Hersteller, die den Weg von der mechanischen über elektromechanische zur Quarzuhr gingen, waren die Firmen Junghans, Emes (die früher Müller-Schlenker hieß) sowie Kienzle. Von den ursprünglich mehr als zweiunddreißigtausend Arbeitsplätzen in der Uhrenindustrie im Jahr 1970 sind heute nur noch tausend erhalten.

Doch bekanntlich ticken Totgesagte länger. Auf der Stuttgarter Messe hängt an einem Stützpfosten des Schwarzwaldstands eine Kuckucksuhr mit einem Bundesadler als Ziffernblatt. Das Modell ist schlicht gehalten, ähnelt einem morbiden Vogelhaus. Achtzehn Zentimeter hoch, siebzehn breit.

Die Farben? Schwarz und Weiß. Schlicht, wie es heute viele mögen. Die Kuckucksuhr im Bahnwärterhäusle-Design aber hat sich bis heute gehalten – vor allem in den vielen Souvenirläden. Etwa hunderttausend solcher Exemplare werden heute noch jährlich im Schwarzwald hergestellt und verkauft. Nur ein Bruchteil davon kommt von Rombach und Haas. Deren Uhrwerke werden allerdings wie bei fast allen Kuckucksuhrenherstellern geliefert. Von der Firma SBS-Feintechnik. Ebenfalls aus Schonach.

»Ganz egoistisch formuliert: Ja, wir sind diejenigen, die das Image der Kuckucksuhr gerettet haben«, verkündet Ingolf Haas stolz und tippt sich mit dem Zeigefinger auf die Brust. Seine Frau nickt. Seit ihrer Designrevolution im Jahr 2005 hatten sie schon hundert Fernsehteams bei sich im Laden stehen. Man kennt Rombach und Haas, das Marketing läuft ganz von allein. Der Promifaktor zieht ebenfalls. Als der Rockmusiker Udo Lindenberg 2017 ein ausverkauftes Konzert in Freiburg gab, bekam er auf der Bühne eine Schonacher Kuckucksuhr überreicht. Und als der Torhüter der deutschen Nationalelf, Manuel Neuer, im selben Jahr zum Traualtar schritt, hatte er auf seinem Hochzeitstisch eine Romba-Kuckucksuhr, ein Unikat, speziell handbemalt von Conny Haas, »in eher klassischem Stil«, wie sie sagt. Gar nicht eitel war Udo Walz, ein gebürtiger Schwabe: Der Münchner ließ sich eine Uhr mit eigenem Porträt gestalten.

Der Ritterschlag für Ingolf und Conny Haas war allerdings die Aufnahme in das Manufactum-Sortiment vor einiger Zeit. Manufactum ist eine außergewöhnliche Kaufhauskette mit Sitz in Waltrop, im nördlichen Ruhrgebiet. Bei Manufactum werden alte, aber neu gefertigte Dinge des täglichen Gebrauchs angeboten, die eigentlich keiner mehr braucht, die oft unpraktisch, aus der Zeit gefallen, so gut wie nie günstig sind und schon unseren Urgroßvätern das Leben schwer gemacht haben: zentnerschwere Gaslampen, Kernseife aus französischen Klöstern oder Schnurtelefone mit Wählscheiben, aus Bakelit gefertigt. Wenn einem der Hörer aus der Hand rutscht und zufällig auf den Fuß fällt, muss man mit einer komplizierten Fraktur in die Notaufnahme. Manufactum wirbt mit dem Spruch, den auch Ingolf Haas gleich zweimal wiederholt: »Es gibt sie noch, die guten Dinge.« Doch um in Manufactums legendärem Katalog zu landen, der Bibel der leicht angespießten Echtheitsfanatiker, die das Handwerk lobpreist, mehr Textzeichen aufweist als ein durchschnittlicher Schwarzwaldkrimi und wirklich spannend en passant die westeuropäische Handwerks- und Industriegeschichte der letzten zweihundert Jahre erzählt, muss man richtig ackern. Muss man für sich werben und ein »gutes Ding« offerieren, das das Zeug zum Manufactum-Klassiker hat. Stichwort: Authentizität. Jahrelang hatte Ingolf Haas vergeblich versucht, eine authentische Uhr bei Manufactum unterzubringen. Schließlich hatte er Erfolg, aber merkwürdigerweise nicht mit einer traditionell gestalteten Wanduhr. Der Kitschverdacht wiegt immer noch zu schwer. »Das hätte ich nicht gedacht«, sagt Ingolf Haas kopfschüttelnd. Unter der Artikelnummer 86900 kann der Manufactum-Kunde eine Uhr aus dunkel gebeiztem Sperrholz ordern, mit Acht-Tage-Werk, Kuckucksruf und Gongschlag zu jeder halben Stunde. Der Preis: dreihundertvierundneunzig Euro. Das ist vergleichsweise günstig für eine Romba. Einzelanfertigungen können schon mal »so viel kosten wie ein gut ausgestatteter Kleinwagen«, sagt Ingolf Haas und zuckt mit den Schultern.

In der Messehalle 6 ist die Stimmung prächtig. Einen Schwarzwald-Pavillon weiter nimmt Peter Hauk, der baden-württembergische Minister für den ländlichen Raum und Verbraucherschutz, gerade ein öffentlichkeitswirksames Bad in der dampfenden Menge. Ingolf und Conny Haas schütteln weiter Hände, während über ihnen die schlichte Wanduhr mit dem Hoheitszeichen auf sich aufmerksam macht. Die Zeiger bewegen sich über das Wappentier, sie schieben sich über dem Kopf des Bundesadlers übereinander. Jetzt schlägt's zwölf. Der Piepmatz kommt zum Vorschein, er hat ein rotes Schnäbelchen. Unten hängen die schwarzen Tannenzapfen als Ausgleichgewichte an goldfarbenen Ketten. Kein Zweifel: Diese Uhr von Rombach und Haas ist made in Germany. So was von. »Ein echter Verkaufsschlager«, sagt Ingolf Haas. Nicht unwesentlich zum Erfolg beigetragen hat die Bundeskanzlerin höchstpersönlich: Zur Weltausstellung in Schanghai 2010 hat Angela Merkel dem russischen Präsidenten Wladimir Putin das gleiche Modell geschenkt. »Ein paar Tage später«, erzählt Ingolf Haas, »hat das Büro Putin aus Moskau angerufen – und zwei weitere Kuckucksuhren direkt nachbestellt.« Beim Putin piept's seitdem.

Ein Traktor, null Punkte

*Den legendären Westweg gibt es seit bald
hundertzwanzig Jahren. Der Fernwanderweg hat
ein Gütesiegel verpasst bekommen, zum dritten Mal
schon. Damit er auch künftig noch von den jüngeren
Naturliebhabern betreten wird*

Auf die Perspektive kommt es an. Auch in einem
Wald. Also auch im Schwarzwald. Abends. Wenn
es kühl wird. Windig. Ein wenig unheimlich. Da
wird es dem einen Wanderer blümerant zumute.
Irgendwie lyrisch. Und dann sucht er eben nach
Worten, die dem stimmungsreichen Bild sprachlich
ebenbürtig sind. So vielleicht:

> *Abendlich schon rauscht der Wald*
> *Aus den tiefsten Gründen,*
> *Droben wird der Herr nun bald*
> *An die Sternlein zünden.*
> *Wie so stille in den Schlünden,*
> *Abendlich nur rauscht der Wald.*

Doch im Schwarzwald gibt es Wanderer, die sehen
dasselbe ohne Sternlein. Nüchterner. Diese zweite
Gruppe von Waldguckern würde das Gesehene auf
die Weise übersetzen: Einmal die Eins, einmal die
Neun, dazu die Fünf, die Zwölf, die Dreizehn und
in der Ferne noch eine kuschelige Dreiundzwanzig.

Wer mit dem Wegereferenten des Schwarzwaldvereins eine Etappe auf dem Westweg erwandert, vergisst Eichendorff. Die Schwarzwaldschau mündet bald schon in mantrahafte Zahlenkolonnen, man denkt an südenglische Bingohallen und an kaltschnäuzige Lottofeen mit Bommelhüten. Ein Wegereferent des Schwarzwaldvereins ist auf jeden Fall ein Kenner des Westwegs. Alle vier Kilometer zählt er die Punkte zusammen. Eine Eins steht für einen »naturbelassenen Weg«, und wenn der Untergrund-Spezialist Lehm, Gras oder Erde mehr als einen Kilometer lang unter den Stiefeln spürt, gibt es einen Punkt. Kommt er an eine Gabelung mit einem Wegweiser, freut er sich über eine präzise Entfernungsangabe und trägt in seine Tabelle neben die Nummer neun einen weiteren Strich ein. Unter der Nummer zwölf versteht die höhere Wandermathematik eine »natürliche Stille«, genauer: »keine maschinen- und verkehrserzeugten Geräusche«. Das poetische Rauschen. Ein Traktor, kein Punkt.

Die hiesigen Wegereferenten haben einiges dazu beigetragen, dass der von Pforzheim nach Basel führende, zweihundertachtzig Kilometer lange Fernwanderweg das Gütesiegel »Qualitätsweg Wanderbares Deutschland« tragen darf, das vom Deutschen Wanderverband verliehen wird. Ende 2018 wurde das Qualitätssiegel zum dritten Mal für den kompletten Westweg vergeben. Die Organisation hat einen strengen Kriterienkatalog festgelegt, mit dessen Hilfe die Wandervereine und beteiligten Städte und Gemeinden ihre Wanderwege überprüfen und – wie auch im Falle des

Westwegs geschehen – aufpäppeln können, falls sie auch in Zukunft die neuen Wanderer begeistern wollen.

Ohne Zertifikate wird es schwierig. Denn dieser neue Wanderer, das haben Umfragen ergeben, ist recht jung, gut informiert und körperbewusst – und vor allem: wankelmütig. Seinen im Regelfall kurzen Wanderurlaub kann er schnell, wenn ihm mal etwas nicht passt, durch einen zweitägigen Städtetrip mit Musicalbesuch ersetzen. Er verlässt sich auf eine perfekte Beschilderung und will möglichst viel Natur, schmale Pfade, »naturbelassene Wege« und keine breiten Forststraßen, die früher niemanden störten, im Gegenteil: Wo reichlich Platz war, marschierten Vereine gruppenweise gesellig trällernd und plappernd, am liebsten nebeneinander. Stein und Wurzel störten nur.

Der neue Wanderer will außerdem nach dem ermüdenden Marsch einkehren, in einem Gasthof mit ausgewogener, raffinierter Küche, die gern auch Erzeugnisse aus regionalem Anbau kredenzt und nicht bloß am Wochenende mit lieblos aufgetragenen Schinkenbrotlappen und Schlachtplatten schreckt. Und er will spontan, falls er doch beschließt, am nächsten Morgen weiterzuwandern, auf einen Gepäckshuttle zurückgreifen, der den schweren Koffer in eine Pension fährt, die am Ende der zweiten Etappe wartet. Die ebenfalls zertifizierten Qualitätsgastgeber entlang des Weges bieten Lunchpakete an, Trockenräume für die Ausrüstung und einen Gepäcktransport zur nächsten Unterkunft. Der neue Wanderer ist ein sportlicher

Genießer, ein Erlebniswanderer – und im Herzen ein alter Romantiker, der nach jeder Biegung die Einsamkeit herbeisehnt.

Deswegen geriet der Westweg unter Druck. Als man vor fünfzehn Jahren die Punkte zusammenrechnete, waren es zu wenige, um mit prämierten Konkurrenten wie dem Rennsteig oder Rheinsteig mithalten zu können, die locker die geforderten fünfunddreißig Prozent »naturbelassene Wege« aufbieten. Gemessen an der Gesamtlänge des Westwegs ergab die Begehung insgesamt sechs Kilometer zu viel Asphalt, und das hieß: teilweise umleiten und neu beschildern, vor allem im nördlichen Teil.

Nach der millionenteuren Schönheitsoperation und der erfolgreichen erstmaligen Zertifizierung im Jahr 2006 zeigt die rote Raute auf weißem Grund, das Symbol des Westwegs, selbstbewusst die Stilrichtung an: weg von der groben Kniebundhose hin zur atmungsaktiven Trekkinghose. Letztere braucht man tatsächlich, wenn man eine der schönsten Etappen des Westwegs mit Anstand bewältigen will, schließlich geht es im Schwarzwald gerne mal himmelwärts, wie auch ab Forbach im Murgtal mit seiner historischen Holzbrücke. Zunächst sind es Straßen, schließlich Pfade mit Felsen und losem Grund, die sich in die Höhe winden und den Oberschenkeln bald schon heiße Grüße übermitteln.

Der komplette Westweg ist in dreizehn Etappen vom Nordschwarzwald bis in die Schweiz unterteilt, die man als trainierter Wanderer an aufeinanderfolgenden Tagen bewältigen könnte. Der Vorteil eines zertifizierten Fernwanderwegs liegt aber gerade darin, dass man sich die Routen und Abschnitte vorab bequem zusammenstellen kann; man trägt dank des Kartenmaterials seine Qualitätspunkte wie der Wegereferent des Schwarzwaldvereins in eine imaginäre Liste ein, wägt das Höhenprofil, die zertifizierten Gasthöfe und die Oberflächenbeschaffenheit ab, nimmt sich etwa vom Westweg gerade mal das, was einem sicher gefällt. Wandern nach dem Baukastenprinzip.

Direkt in Forbach beginnt die dritte, neunzehn Kilometer lange Etappe, drunten im Murgtal. Doch der erste Teil des Anstiegs ist nicht unbedingt der idyllischste. Erst ab dem südwestlich von Forbach gelegenen Schwarzenbach-Stausee sieht die Wegewelt schon anders aus, »naturbelassener«, um im Jargon zu bleiben. Die Beschilderung stiftet keine Verwirrung. Und wochentags ist man garantiert für sich. Hat man schließlich japsend den Herrenwieser See auf achthundertvierunddreißig Meter Höhe erreicht, fühlt man sich vom Anschauen des verschlafenen, von Gletschern kreierten Karsees für Augenblicke in eine Erzählung von Adalbert Stifter versetzt, wo der Mensch in der Natur quer steht, irgendwie deplatziert wirkt. Alles funktioniert auch ohne diesen Störenfried. Auf einer Bank bleibt er sitzen, auf jener kuscheligen Nummer dreiundzwanzig, man könnte hier Punkte verteilen wie beim Schönheitswettbewerb, aber man lässt es und schaut dumpf den brummelnden Libellen über den Seerosen zu.

Man hält's kaum aus, so ruhig ist es. Und weiter. Und höher.

Die Bäume weichen dem Himmel und plötzlich steht er da, der Gedenkstein. Philipp Bussemer zu Ehren, auf dessen Impuls hin im Jahre 1900 der Westweg erstmals markiert worden war. Bussemer, ein Kurzwarenhändler aus Baden-Baden, war Autor zahlreicher Wanderführer und Wanderkarten, einer der ersten Skifahrer im Nordschwarzwald und begeisterter Hobbyfotograf, der schon früh die pittoresken Seiten seines Lieblingswalds ablichtete, und das mit einer zentnerschweren Ausrüstung, die er auf seinen zahlreichen Wanderungen oft mitschleppte. Die Gedenktafel findet sich auf dem Seekopf, direkt an seinem am Westweg liegenden Lieblingsplatz, etwas versteckt von Rhododendron-Sträuchern umgeben. Bussemer war engagiert im Schwarzwaldverein, an der Gründung der Ortsgruppe Baden-Baden im Jahr 1884 maßgeblich beteiligt, viele Jahre hat er die Ortsgruppe als Vorsitzender geleitet. Bis heute sind es vor allem die ehrenamtlichen Mitglieder des Schwarzwaldvereins, die den Westweg pflegen.

Einige Tausend Meter Höhenunterschied sind zu überwinden, falls man doch den ganzen Weg herunterspult, wobei der Westweg ab Titisee-Neustadt sich in eine westliche und eine östliche Variante teilt, um in Basel wieder zu sich selbst zu finden.

Nach der Badener Höhe stapft man noch bis nach Unterstmatt, und wer früh am Tage losmarschiert ist und ordentlich pumpt, schafft es noch bis hinauf zum Schliffkopf auf tausendfünfundfünfzig Meter Höhe. Die Sonne will nicht mehr, von den Füßen ganz zu schweigen. Nebel wabert im Tal. Das war's dann. Eine kurze Busfahrt noch, dann sitzt man endlich im Restaurant des Hotel Schliffkopf an der Schwarzwaldhochstraße und bestellt etwas, was leicht im Magen liegt, nicht nach Schwarzwaldklischee aussieht und trotzdem ganz in der Nähe gewachsen ist. Das gäbe sogar Punkte von Eichendorff. Und draußen im Dunkeln? Da rauscht der Wald, und die Sternlein leuchten. Ganz bestimmt.

Der verlorene Sohn

Wenn ein Sohn das Elternhaus verlässt, gibt es zwei
Möglichkeiten: Er kommt wieder zurück – oder er
bleibt weg. Wenn er aber nicht mehr heimfindet, ist er
ein verlorener Sohn

Hesse nervt. Er ist überall. Aus Büchervorschau-
en, Theaterplakaten, Terminkalendern in Zeitungen und Schaufenstern der Buchläden verfolgt er
einen geradezu, fixiert einen mit seinen etwas mü-
den Augen. Es sind die üblichen, schon tausendmal
gesehenen Schwarz-Weiß-Fotos. Mit der Nickelbril-
le im mageren Gesicht trägt Hesse immer auch etwas Blasiertes, Vergeistigtes vor sich her, fast schon
triumphierend, als wäre er im Besitz der letztgül-
tigen Wahrheit. Eine Flucht? Sinnlos. Zumindest
in Baden-Württemberg gibt es kein Entrinnen vor
dem Erinnern.

Hundertfünfundfünfzig Millionen verkaufte
Bücher in mehr als siebzig Sprachen: Hermann
Hesse ist auch bald sechzig Jahre nach seinem Tod
einer der meistgelesenen und auflagenstärksten
Schriftsteller der Welt. Ein Popstar der Literatur.
Ein Ausnahme-Autor, der keiner Dichterschule
oder schreiberischen Bewegung zuzuordnen ist
und der 1946 mit dem Nobelpreis geehrt wurde.
Eine späte Genugtuung. Kurz nach der Preisverlei-
hung wurde der verlorene Calwer Sohn zum Eh-
renbürger ernannt, was nicht allen passte. Noch

während der Nazi-Diktatur landeten seine Bücher auf dem Index. Später, in den sechziger und siebziger Jahren, avancierte er zum meistverkauften Autor in den USA und Guru der Flower-Power-Bewegung. Die Hippies liebten ihren »Siddhartha« inniglich und reisten mit dieser semierotischen Erzählung über die Freundschaft eines jungen Brahmanen namens Siddhartha zu Govinda in die allerletzten indischen Ashrams. Doch nicht nur die Hippies verehrten »ihren« ungehorsamen Hesse. Santana, die allseits bekannte Rockband aus San Francisco, benannte ihr zweites Album aus 1970 nach einem Begriff aus Hesses Roman »Demian«, den damals angeblich alle Bandmitglieder auf dem Nachtkästchen liegen hatten oder im Tourbus lasen. Nur so am Rande: »Abraxas« gilt unter Kennern als Santanas bestes Album. Gleichfalls einen Hit landeten ungefähr zur selben Zeit die kanadisch-amerikanischen Hardrocker mit dem ansprechenden Bandnamen »Steppenwolf«. Von Hesse inspiriert sangen die Jungs »Born to Be Wild«, was wohl nicht nur den Calwer Kleinbürgern heftig in den Ohren gekratzt hat.

Zurzeit wird Hesses Werk in arabischen Ländern wie Ägypten entdeckt. Noch Fragen? Eigentlich nicht. Nur so viel: Man verehrt oder ignoriert ihn von ganzem Herzen. Wie einen Onkel, der bei jeder Familienfeier vorbeischaut, ohne Punkt und Komma drauflos schwadroniert, anscheinend alles besser weiß und dabei immer so tut, als hätte er eigentlich etwas Wichtigeres vor. Zwischen Heiligsprechung und Verdammung gibt es nur wenig Himmelsraum für neue Interpretationen. Auf einem Literaturblog war zum fünfzigsten Todestag zu lesen, Hesse sei der König des Kitsches gewesen, »ein düsterer Paulo Coelho des frühen 20. Jahrhunderts«. Nein, die Häme hat Hesse wahrlich nicht verdient, ganz so schlimm ist es dann nicht mit der eigenen Lektüreerfahrung. Eher hat es etwas mit der eigenen Scham zu tun, die gewisse Abwehrreaktionen hervorruft. Hesses Romane, »Demian« etwa und vor allem »Unterm Rad«, stimulieren auch das Sentiment bezüglich der eigenen Biografie. Mit Hesse wird die Erinnerung an die eigene Pubertät fühlbar, an eine unentschiedene Zeit in der Jugend, in der man Beistand suchte, man sich unverstanden wähnte.

Und so geht es einem auch besonders und manchmal unangenehm nahe, wenn man wieder in Calw vorbeischaut. Stolz nennt sich die gut dreiundzwanzigtausend Einwohner zählende, dreiunddreißig Kilometer westlich von Stuttgart gelegene Kreisstadt »Hermann-Hesse-Stadt«. Der Schriftsteller ist hier allgegenwärtig. Was soll man auch anderes erwarten in der Geburtsstadt des großen Dichters. In Museen, in Archiven, auf Plätzen, in Buchhandlungen, in Kneipen. Kaum eine Festrede der Stadtoberen kommt ohne ein Zitat des Schriftstellers aus, der eines Juliabends 1877 in einem Calwer Wohn- und Geschäftshaus am Marktplatz als zweiter Sohn des Carl Otto Johannes Hesse und dessen Frau Marie geboren wurde. Am Haus mit der Nummer 6 sind zwei Tafeln angebracht, die man leicht übersehen kann, wenn man sich auf die Angebote im Schaufenster des Modehauses Schaber konzentriert. Statt Karottenhosen und Sakkos könnte man hier das Hermann-Hesse-Museum vermuten, das aber woanders zu finden ist, nämlich vis-à-vis am Marktplatz, im Haus »Schütz« mit der Hausnummer 30. Die Holzdielen quietschen, die Vitrinen mit den Büchern und Fotografien atmen den Geist des frühen 20. Jahrhunderts, als es noch keine multimedial aufbereiteten Dichter-Schauen brauchte, um sich mit einer so bekannten und doch wieder fremden Biografie zu beschäftigen. Das Hesse-Museum ist ein putziger Rückzugsraum, ein Kleinod für alle Literaten, die nach einer Wanderung innehalten wollen. Hier ist man mit seinem persönlichen Hesse ganz bei sich.

Was ja nicht selbstverständlich ist. Andauernd muss man ihn teilen mit so vielen anderen pseudokulturellen Marktschreiern und Nachlassprofiteuren. Denn auch zum ungeraden hundertzweiundvierzigsten Geburtstag des »Steppenwolf«-Autors wird der Ausnahmezustand in Sachen Sohnesverehrung bis auf Weiteres verlängert. Hesses Werk, das ist auch eine Literatur ganz ohne hohe bildungsbürgerliche Hemmschwellen. Manch ein Gedicht erreicht locker das Niveau eines Kalenderspruchs, höher wird's leider auch nicht zu oft, zumindest in Sachen Poesie. Erschwerend hinzu kommt die sehr trendgemäße Neigung zum quasi-religiösen Flirt mit allem, was auch im Entferntesten nach Buddhismus, Seelen-Yoga, Spiritualität und Räucherstäbchen riecht. Ein Tipp: Hermann Hesses frühe Werke lassen sich auch hervorragend im Schneidersitz lesen, die Lektüre kann zusätzlich dekoriert werden mit Duftkerzen und einem plätschernden Mini-Brunnen aus dem Baumarkt. Die westliche Gesellschaft leidet an Selbstoptimierungswahn und Dauerleistungsdruck, weswegen der Buddhismus in seinen mannigfachen Light-Ausführungen unglaublich erfolgreich ist. Das Zauberwort ist »Achtsamkeit«, selbige soll den Einzelnen vor geistigen Haltungsschäden, Zynismus und Burn-out schützen. Hesse kann auch in diesem Sinne gelesen werden: als Achtsamkeitspoet, der vor den Auswüchsen des Kapitalismus warnt. Er ist für viele Nachgeborene der Hippies ein Heiler, der Helfer zur Selbsthilfe. In einem Brief schreibt Hesse 1919: »Ich bin seit vielen Jahren davon überzeugt, dass der europäische Geist im Niedergang steht und der Heimkehr zu seinen asiatischen Quellen bedarf. Ich habe jahrelang Buddha verehrt und indische Literatur schon seit meiner frühesten Jugend gelesen.«

Man kann das alles verstehen – oder auch nicht. Man sollte bei der Spurensuche auf jeden Fall achtsam bleiben. Alles ist möglich. In Calw kommt man seinem Hesse in bestimmten Augenblicken richtig nahe, dann wiederum fühlt man sich dank einer hypersensibeln Anverwandlung in diesem Schwarzwälder Kessel geradezu ausgestoßen. Denn die Schwarzwaldstadt an der Nagold könnte sich genauso den Namen »Stadt des verlorenen Sohnes« geben. Irgendwann nämlich kam Hesse nicht mehr zurück. Der Kreis schloss sich hier nicht, sondern verwandelte sich in eine

Linie, die nach Umwegen südwärts führte, weg aus Calw und später auch weg aus dem Südwesten Deutschlands.

Anfang der dreißiger Jahre kommt er ein letztes Mal nach Calw, aus familiären Gründen: Seine Schwester feiert das fünfundzwanzigjährige Ehejubiläum. Der Bruder übernachtet im Gasthaus Waldhorn. Ihm sind Besuche von Calwer Bürgern zuwider, er will seine Ruhe. »Haltet mir die Calwer vom Leib«, so ähnlich sollen seine Worte gelautet haben. Man hat das von Calwer Seite selbstschützend mit der Übermüdung nach einer langen Anfahrt erklärt. Andere wiederum sahen in Hesses ungewohnt brüsker Abweisung eine Art Heimatphobie. Ihn, der schon berühmt ist, interessieren das enge Tal, der Fluss und die Giebel der Stadt. Diese Eindrücke sind es, denen er zeitlebens nachhängen wird. Er dreht noch eine Runde und verlässt Calw nach getaner Pflicht. Auf immer.

Das Weltflüchtige in seinem Wesen, eine gewisse Menschenscheu waren schon früh zu beobachten. In Maulbronn wird er nach bestandenem Stuttgarter Landesexamen 1891 in das evangelische Klosterseminar aufgenommen. Das Kloster Maulbronn ist eine ehemalige Zisterzienserabtei in der Ortsmitte. Kleinstadt und Kloster liegen am Südwestrand des Strombergs, der sich im südlich des Odenwalds und nördlich des Schwarzwalds gelegenen Kraichgau erhebt. Bekannte Absolventen sind aus der Klosterschule hervorgegangen, unter ihnen Johannes Kepler und Friedrich Hölderlin.

Anfangs steht es ordentlich um den Seminaristen Hesse, dem der züchtige Takt von Gebet und Lehre entgegenkommt. Ein halbes Jahr ist vergangen, »als plötzlich von innen her Stürme über mich hereinbrachen, welche zu meiner Flucht aus der Klosterschule, zu einer Bestrafung mit schwerem Karzer und zu meinem Abschied aus dem Seminar führten«. Der Vater eines Mitschülers, dem Hesse Polemiken gegen die christlichen Vorstellungen von Himmel und Hölle vorgetragen hatte, vertraute sich sorgenvoll Hesses Eltern an, mit dem Verdacht, ihr Sohn sei geistesverwirrt. Er habe, wird sich Hesse mehr als ein halbes Jahrhundert später rückblickend erinnern, »der pietistischen Erziehung, die ein Unterdrücken und Brechen der Individualität anstrebte, viele Schwierigkeiten gemacht.«

In Tübingen verordnet sich der vorerst Gescheiterte Brot und Geist, Selbstdisziplin und Askese: Hesse hat erkannt, dass die wahren Freunde papierene Seelen haben. Er geht nun in die Lehre in der Heckenhauer'schen Buchhandlung, die er 1895 beginnt und mit Erfolg abschließen wird. Während viele Studenten abends die Wirtshäuser suchen, geht der Lehrling Hesse schnurstracks in seine karge Stube in der Herrenberger Straße 28. An den Wänden hat er, wie er selbst seinen Eltern brieflich mitteilt, »mehr als hundert Bildnisse von Männern angenagelt, die ich aus irgendeinem Grund bewunderte«, Porträts von Chopin, Nietzsche, Hauptmann. Der Autodidakt der Geisteswissenschaften schuftet allabendlich in seiner Kammer, er liest ohne Unterlass Goethe, Lessing,

Schiller, die Griechen, natürlich, und die Romantiker sowieso.

Doch die freiwillige Isolation tut ihm gut: »Seltsam, daß ich seit meiner Schulzeit immer zur Einsamkeit verdammt war, die mir endlich zur Freundin geworden ist. Ich finde keinen Freund, vielleicht, weil ich zu stolz bin und nicht werben mag, und seit drei Jahren bin ich gewöhnt, allein zu denken, allein zu singen.« Auch wenn Hesse den einen oder anderen Freund noch annehmen wird – in Tübingen lernt er die Einsamkeit schätzen. Es scheint, als trüge die Vereinnahmung des Künstlers durch die Region, in der er seine Kindheit und Jugend verbracht hat, im Falle von Hermann Hesse beinahe lächerliche Züge. Ihm war diese Landschaft eine Inspiration für seine Ästhetik in Wort und Bild, während ihm die von Normen durchdrungene Gesellschaft in der »Heimat« für immer fremd blieb.

In Calw sieht man das freilich ein wenig anders, unkritischer. Seine Heimat kann man nicht einfach abstreifen wie eine löchrige Socke, finden sie, selbst wenn die Heimat einem übel mitspielt. Auf Papier gebannte Impressionen werden auf Schritt und Tritt von Stadtführern und lokalpatriotischen Hesse-(Ver)kennern zitiert, etwa auf der Nikolausbrücke, von der aus man einen kleinen, völlig unspektakulären Platz leicht übersehen könnte. Doch Hesse hat ihn dem Vergessen entrissen und seiner Heimatstadt einen touristischen Gefallen getan, indem er einst notierte: »Das ist mir der liebste im Städtchen, der Domplatz von Florenz ist mir nichts dagegen.« Neben den imaginären Spuren gelten die um 1400 erbaute Nikolausbrücke und deren Nikolauskapelle auf dem Mittelpfeiler als eigentliche, tatsächlich baulich vorhandene Wahrzeichen Calws. Auf der wirklich aus jeder Perspektive und zu jeder Tageszeit eindrücklichen Brücke fuhren bis in die siebziger Jahre noch Autos, man fasst es kaum. Dann wurde der anwachsende Verkehr zu viel für das alte Bauwerk und man konstruierte eine neue Verbindung über die Nagold, die Marktbrücke. Von der Nikolausbrücke aus konnte man früher den Flößern bei ihrer harten und kraftraubenden Arbeit zusehen: Sie manövrierten Flöße von zehn bis fünfzehn Gestören (ein Gestör wird zusammengebunden aus einem halben Dutzend Stämmen) durch diesen Engpass. Das waren Flöße aus bis zu hundert Stämmen mit einer Länge von mindestens hundertfünfzig Metern.

Calw war einmal ein bedeutendes Wirtschaftszentrum des Landes. War einmal, wie gesagt. Heute zücken die enthusiasmierten Hesse-Leser aus aller Welt ihre digitalen Endgeräte, fotografieren jeden Stein oder zur Sicherheit gleich sich selbst und rufen »Amazing!«. Endlich, hier gibt es auch den Dichter zum Anfassen. Wie deutsch, wie romantisch. Zum hundertfünfundzwanzigjährigen Geburtstag Hermann Hesses im Jahr 2002 wurde eine lebensgroße Hermann-Hesse-Bronzeskulptur des Künstlers Kurt Tassotti an diesem Platz aufgestellt. Hesse war und ist ein zwiespältiger Fremdenführer, der seiner Geburtsstadt, dem heimatlichen Naturgefühl der Jugendzeit, selbst ein

Leben lang nostalgisch verbunden bleibt. Diese Sentimentalitäten schließen die Calwer aber nicht mit ein. »Wenn ich als Dichter vom Wald oder vom Fluss, vom Wiesental, vom Kastanienschatten oder Tannenduft spreche, so ist es der Wald um Calw, ist es die Calwer Nagold, sind es die Tannenwälder und die Kastanien von Calw, die gemeint sind, und auch Marktplatz, Brücke und Kapelle, Bischofstraße und Ledergasse, Brühl und Hirsauer Wiesenweg«, schreibt er in »Gerbersau«. Hermann Hesse hat über zwei Dutzend Erzählungen geschrieben, in denen er Erinnerungen an seine Heimatstadt verarbeitet hat. Er hat Calw darin meist »Gerbersau« – die Aue der Gerber – genannt, nach den Gerbern, die zu seiner Jugend noch am Ufer der Nagold ihrem Beruf nachgingen.

»Alle diese Dinge scheinen mir, indes ich langsam seewärts rudere, wesenlos, töricht und unnötig, einer sonderbar entarteten Welt zugehörig, der ich entronnen bin ...« Hesse in Gaienhofen, auf der Halbinsel Höri am Bodensee. Der Vermählung mit der neun Jahre älteren Maria Bernoulli folgt 1904 der Umzug in ein Bauernhaus am Bodensee. Dreihundert Gaienhofener schauen fortan zu, wie sich ein Dichter volkstümlich gibt, dem der Schlamm am Schuh und Nachbars Kuh nicht stinkt. Mit Strohhut und weißem Linnen am Körper, der bescheidene Literat – in dieser Rolle gefällt Hesse sich zeitlebens. Ein letzter Versuch ist es, hier, noch jung mit siebenundzwanzig Jahren, »ein ländliches, einfach-aufrichtiges, natürliches, unstädtisches und unmodisches Leben zu führen«.

Primitiv wohnen die Neuankömmlinge, kein fließendes Wasser in der Stube, kein elektrisches Licht oder Gas, im ganzen Dorf nicht. Egal, das Paar kuschelt sich wohlig ein, in diesem Nest am Untersee, wo die Pappeln im Winde rascheln und der feuchte Nebel gern Aug' und Seele trübt. Drei Söhne werden geboren. Mit dem ersten auch finanziellen Erfolg von »Peter Camenzind« im Rücken setzt sich in Gaienhofen – ergänzend zum vermeintlichen Familienglück – eine fruchtbare Episode im Leben Hesses fort: Wie um sich zu betäuben schreibt er, der allmählich an seiner philisterhaften Sesshaftigkeit leidet, Rezensionen und kulturgeschichtliche Betrachtungen für namhafte Journale seiner Zeit. Er wird Mitherausgeber der antiwilhelminischen Zeitschrift *März*. »Unterm Rad« erscheint 1906, »Nachbarn« 1908. Es könnte so schön sein: Künstler kommen ihn besuchen, die Kinder gedeihen, das Weib spielt abends Klavier, während der Ofen bollert und der See im Mondlicht glitzert. Worpswede im Süden, naturbelassene Künstlereinkehr mit Wellnesscharakter.

Und dennoch: Die Ehe ist am Ende, das Glück von kurzer Dauer, Hesse mag nicht mehr den Kleinbürger spielen. Er verlässt Gaienhofen, bricht auf nach Indien, kommt zurück. Und hält es nimmer aus. Wieder treibt ihn dieses Schwanken zwischen Heimathass und Heimatliebe an, bis er irgendwann in der Schweiz, in Montagnola, ruhig wird. Dort schreibt er. Und malt. Meist Aquarelle, Landschaften, meist ohne Menschen.

Vielleicht nervt ja nicht dieser Hesse, sondern

die Menschen, ganz allgemein gesprochen. Der Mensch, der des Menschen Wolf ist. In Baden-Württemberg ist Hermann Hesse in diesem Abiturjahr ein sogenanntes Sternchenthema. Die Gymnasiasten dürfen sich im Fach Deutsch am »Steppenwolf« abarbeiten, an der Geschichte des unverstandenen, seelisch ausgebrannten Harry Haller. Es soll bitteschön erörtert werden, warum und wie der fünfzigjährige Antiheld Mitte der zwanziger Jahre knietief durch seine eigene, wahrscheinlich auch durch die Existenzkrise so vieler anderer Mitteleuropäer watet, weil er stellvertretend für andere Mitbürger unter der Oberflächlichkeit seiner Zeit grauslich leidet. Ein Einzelgänger, ein Steppenwolf. Die zwanziger Jahre, behaupten manche klugen Menschen heute, seien unserer Zeit nicht unähnlich. Nur dass Haller am Ende des Romans den Selbstmord in Erwägung zieht und schließlich einen zweifelhaften Trost im Opiumrausch findet, aber nicht im Fremdenhass und politischen Extrem. »Es war einmal einer namens Harry, genannt der Steppenwolf. Er ging auf zwei Beinen, trug Kleider und war ein Mensch, aber eigentlich war er doch eben ein Steppenwolf. Er hatte vieles von dem gelernt, was Menschen mit gutem Verstand lernen können, und war ein ziemlich kluger Mann. Was er aber nicht gelernt hatte, war dies: mit sich und seinem Leben zufrieden zu sein.« So beginnt der »Tractat vom Steppenwolf«, den Harry Haller eines Abends zugesteckt bekommt und dessen anonymer Verfasser ihn bestens zu kennen scheint. »Nur für Verrückte« lautet die Unterzeile. Der Roman? Ein papierner Kleinbürgerschreck.

Nicht nur für Verrückte. Es gibt schwierigere Abiturdichter. Im Ernst.

Und wenn der nervöse Weltflüchtling und sanfte Rebell Hesse wieder mal auf dem Prüfungsplan steht, dann landet er garantiert auch auf den Spielplänen vieler Theaterbühnen dieses Bundeslands, die ihren Bildungsauftrag erfüllen und auf volle Häuser hoffen, und Lehrerinnen und Lehrer wohnen mit ihren maulenden Schülern im Parkett den systemkritischen bis kleinbürgerfeindlichen Fantasien eines dramatisierten »Steppenwolfs« bei. An der Badischen Landesbühne in Bruchsal ist das so. Am Nationaltheater in Mannheim ebenfalls. Am Theater in Heilbronn. Und auch im Theater JES, dem Jungen Ensemble Stuttgart, macht man sich als Abiturhilfe, wenn nötig, Hesse-fein.

Die Deutschen lieben ihren Hesse, die Schwarzwälder sowieso. Auch in diesem Jahr wird man den abhandengekommenen Sohn von Calw bis an den Bodensee und anderswo im Land mit Lesungen, Musikabenden, Theateraufführungen und Ausstellungen ehren, missbrauchen, missverstehen. Dann wird es manchmal den Anschein haben, Hesse sei nie weggegangen aus Calw, aus Deutschland. Jeder Ort, jede Gemeinde wird sich das passende Zitat als eigenlöblichen Slogan auslegen, so wie es in einer Pressemitteilung geschrieben steht: Der »Weltenwanderer« habe stets »ein liebevolles Heimatgefühl behalten, das in viele seiner Werke Eingang gefunden hat«. Warum ist er dann aber, bei so viel Heimatgefühl, nie mehr wieder aus der gar nicht so fernen Schweiz zurückgekehrt?

Mein Freund, der Borkenkäfer

Vor einigen Jahren wurde der Nationalpark im Nordschwarzwald eingerichtet – trotz teilweise heftiger Proteste der Nachbargemeinden

Der Feind ist praktisch unsichtbar. Städtische Brillenträger kennen ihn nur vom Hörensagen. Oder aus den Medien, wo er zuverlässig für Angst und Schrecken sorgt. Auch im Café am Kloster in Alpirsbach sitzt die Panik mit am Tisch. An diesem Septembermorgen sitzen drei Waldarbeiter beim ersten Frühstück, sie kräftigen sich, bevor sie in den Wald zurückgehen, wo sie wieder auf ihren, auf unseren Feind treffen werden. Und selbstverständlich geht es auch in ihrem Gespräch ausschließlich um den »Bock«, den Borkenkäfer, ein maximal neun Millimeter großes Monster, das sich in Schwärmen über die Bäume hermacht und angeblich die schlimmste Heimsuchung seit der alttestamentarischen Heuschreckenplage sein soll.

Draußen parkt ihr Geländewagen mit dem Hänger, die ersten Touristen sammeln sich vor dem Klostereingang, es wird wohl wieder ein schöner, sonniger spätsommerlicher Tag im Kinzigtal werden. Hier, inmitten des Nordschwarzwalds, liegt Alpirsbach, dessen Stadtbild von der prächtigen, über neunhundert Jahre alten Klosteranlage geprägt wird. Zum Kännchen Filterkaffee und dem saftigen Käsekuchenteil könnte man schnell alle Sorgen vergessen und sich demnächst noch auf der Terrasse mit einem Stück Schwarzwälder Kirschtorte das Leben versüßen und die Sonne auf die Plauze brennen lassen.

Wären da nicht diese drei kaum zu überhörenden Herren Baum- und Bockspezialisten. Sie sägen an den Nerven wie der Bock an der Fichte. Zum Frühstück Kuchen und Sahne, das passt schon. Von dem herrlichen, weil ziemlich regenfreien Sommer 2018 halten sie nur äußerst wenig. Seit April hat es nicht mehr richtig geregnet. Für die Touristen mag das Wetter ja toll sein, befinden die drei unisono, aber für den Wald sind die durchgängig hohen Temperaturen bei gleichzeitiger Trockenheit ein Graus. »Des Wetter isch nur guat für d'r Bock«, jammert der mit der mächtig aussehenden Klostertorte, während sein Kollege aus dem großen Café-Panoramafenster deutet. Im Wald bei Alpirsbach sehe es schon schlimm aus, raunt er, aber im Badischen sei es noch »viel schlimmer«. Die baden-württembergischen Behörden hätten das Schlagen von Frischholz bis auf Weiteres verboten. Nur noch angegriffener und vom Borkenkäfer geschädigter Baumbestand sei zum Fällen und Weiterverarbeiten freigegeben. Mittlerweile sei das Ausmaß der betroffenen Bäume so groß wie nach dem verheerenden Sturm Lothar im Jahr 1999. »Was für die Touristen schön isch, isch für die Natur a Kataschtroph'«, jammert die Kirschtorte, bei deren Anblick allein einem schon der Zuckerspiegel bis an die Schädeldecke steigt. Eine ökonomische Katastrophe sei es zudem, denn die Holzpreise befänden sich im freien Fall, seitdem im ganzen Land so viel Holz geschlagen werde. Das ganze Ausmaß der klimatischen Aufheizung ohne Regenfälle werde man erst im nächsten Winter erkennen, prophezeit die Klostertorte. Doch in der Presse stehe nichts davon, beschwert sich der Käsekuchen. Ja, genau, bekräftigt die Kirschtorte. Stattdessen lese man lediglich, dass in Karlsruhe achtzehnhundert Alleebäume verdorrt seien. Ja, wirklich: Wen interessieren schon Alleebäume?

Bei aller Solidarität mit den Angestellten der Forstbetriebe: Die Medienschelte ist unberechtigt, die regionalen wie überregionalen Zeitungen im Südwesten waren und sind voller Schlagzeilen und Beiträge zum Borkenkäferbefall. Sie lauten meistens so: »Nun frisst der Borkenkäfer alles« oder »Borkenkäfer-Invasion« – und auch wenn diese Zeilen etwas zugespitzt erscheinen mögen, sind sie doch völlig zutreffend. Das Problem ist wie immer die Perspektive, von welcher Seite aus man die »Invasion« des vermeintlichen Schädlings im Schwarzwald betrachten will. Tatsache ist: Der letzte Sommer war heiß und extrem trocken. Und bei starker Trockenheit vermehren sich Buchdrucker und Kupferstecher, wie die häufigsten Arten des Borkenkäfers genannt werden, in bestimmten Wäldern geradezu explosionsartig. Die Borkenkäferschwärme können im ungünstigsten Falle ganze Flächen kahl fressen. Sie zerstören die Nährstoffkanäle der betroffenen Fichten, die schließlich absterben.

Und damit wären wir auch schon beim erwähnten Perspektivenwechsel und Franz Doll, der einem ein paar Tage nach der Begegnung im Alpirsbacher Café beim Stichwort »Fichte« folgenden Satz als Wegzehrung mit auf die Waldwanderung gibt: »Der Schwarzwald ist menschengemacht.« Das versteht man erst einmal nicht. Und was das alles mit dem Borkenkäfer zu tun haben soll genauso wenig. Eine Handvoll Wanderer steht deswegen lauschend am Rand des noch jungen Nationalparks Schwarzwald unweit des Ruhesteins und schaut dem Nationalparkranger Franz Doll zu, wie er ein großes Stück Rinde von einer hoch aufschießenden, aber offensichtlich kränkelnden Fichte abreißt. »Schaut mal«, sagt Doll der Gruppe und zeigt auf die inwendige Seite der Baumrinde. Sie ist total zerfurcht, durchzogen von dünnen Kanälen. »Hier hat der Buchdrucker ganze Arbeit geleistet«, sagt Doll. Nun versteht man auch die Bezeichnung Buchdrucker: Die dünnen Linien in der Rinde ähneln den Prägezeichen in einer Druckplatte.

Der Ruhestein ist eine Passhöhe zwischen dem Murgtal und dem Achertal im Nordschwarzwald. Über die Passhöhe verlief einst die Grenze zwischen dem Großherzogtum Baden und dem Königreich Württemberg, wovon noch ein Sandstein-Findling mit Grenzzeichen zeugt. Heute befindet sich am Ruhestein, auf rund neunhundert Metern Höhe, das Nationalparkzentrum und ein bequemer Startpunkt für eine Erkundung des so lange umkämpften Schutzgebiets. Schon zu Beginn der neunziger Jahre diskutierte man das Vorhaben. Gutachten wurden erstellt, Standorte in Erwägung gezogen, wieder verworfen, andere neu vorgeschlagen. Schließlich wurde 2014 der Nationalpark im Nordschwarzwald eingerichtet, in Baden-Württemberg ist er der erste und einzige seiner Art. Hundert Quadratkilometer ist seine Fläche groß, vergleichsweise wenig, wenn man bedenkt, welche Aufregung es jedes Mal um die Einrichtung eines Nationalparks gibt. Alle sechzehn Schutzgebiete nehmen zusammengerechnet weniger als ein Prozent der Gesamtfläche Deutschlands ein. Doch die Lobby der Landwirte sowie die Holzindustrie kennen kein Pardon, wenn es um ihre Interessen geht.

»Geben wir der Natur ein kleines Stück zurück«, forderte seinerzeit Ministerpräsident Winfried Kretschmann von den Grünen unmittelbar vor der Abstimmung. Draußen, vor dem Stuttgarter Landtag, buhten die angereisten Gegner des Nationalparks die Regierung aus, sie ließen Jagdhörner erschallen und skandierten: »Unser Nordschwarzwald«. Bereits drei Jahre zuvor, im Sommer 2011, bildete sich die private Interessengemeinschaft »Unser Nordschwarzwald«, die sich vehement gegen den Park aussprach. Auffällig waren die von der Gruppe gestalteten Schilder und Aufkleber, die jenen des Protests gegen das umstrittene Bahnhofsprojekt »Stuttgart 21« ähnelten. Auf ihnen stand auf grünem Grund rot durchgestrichen »Nationalpark«. Einige private Grundstückseigentümer stellten diese Schilder auf ihrem Besitz auf. »Unser Nordschwarzwald« ist seit Februar 2012 ein eingetragener Verein mit Sitz in Baiersbronn. Der Verein hatte das Ziel, den Nationalpark Nordschwarzwald zu verhindern, was ihm nicht gelang; er sah die Bürger des Nordschwarzwalds als »Opfer von Wildnisideologen«, wie es auf der eigenen Webseite noch heute zu lesen ist.

Vor der Abstimmung im Parlament wurden dann immerhin dreißigtausend Unterschriften von Bürgern gegen das Projekt den zuständigen Ministern überreicht. Der Nationalpark sei »von unschätzbarem Wert für den Erhalt der biologischen Vielfalt«, erklärte Winfried Kretschmann – von den Protesten ungerührt – im Landtag. Dabei verwies er auf ein Gutachten, das zusätzlich zum Nutzen für Flora und Fauna einen Impuls für den Tourismus prognostizierte. Zusätzliche Gäste und Übernachtungen durch den Nationalpark wurden darin aufgeführt. Der damalige Oppositionsführer Peter Hauk von der konservativen CDU erwiderte, so ein Projekt könne nur gelingen, wenn die Menschen vor Ort mit an Bord seien. Und das habe die grünrote Landesregierung eben nicht geschafft. »Da haben sie versagt.« Die Bewohner in den unmittelbar angrenzenden Gemeinden waren tatsächlich mehrheitlich gegen das »grüne Prestigeprojekt« aus der Landeshauptstadt, wie der Nationalpark oft despektierlich paraphrasiert wurde. Der Frust saß tief. Als der Ministerpräsident einmal das Projekt in Bad Wildbad erklären wollte, sangen die Leute aus Protest »O Schwarzwald, o Heimat«.

Ein Gegner schrie sogar: »Judas! Drecksau!« Aus Scham über seine Bürger trat dann ein Gemeinderat zurück. Darüber wurde republikweit in den Medien berichtet.

Franz Doll findet, dass sich die Gemüter mittlerweile deutlich abgekühlt hätten. Er selbst, ein durchtrainierter Hüne mit sympathischem Lächeln, der gern wandert oder mit dem Mountainbike in dieser Gegend unterwegs ist, wohnt in Seebach, in einer jener Nachbargemeinden des Nationalparks, in der sich ebenfalls Widerstand formiert hatte. Der Bauingenieur und Hobbylandwirt weiß aber, dass seine Arbeit und die der anderen Ranger unter strenger Beobachtung steht. Die Kritiker sind zwar zum Teil verstummt, aber nicht vom Gegenteil überzeugt. Der Leitsatz »Natur Natur sein lassen« wird im Idealfall dazu führen, dass auf den geschützten Flächen wieder echte Wildnis entstehen kann und für kommende Generationen erhalten bleibt. Dafür müsse man allerdings Geduld aufbringen, eine »Vision von einem anderen Schwarzwald haben, in Dekaden und Jahrhunderten denken«, sagt Franz Doll. Die große Veränderung könne nicht von heute auf morgen geschehen. Man versteht den Naturschützer besser, wenn man folgendes Zitat Reinhard Schmälzles, des Bürgermeisters von Seebach, in einer Regionalzeitung liest: Der Nationalpark sei jetzt vier Jahre alt, aber »der Wald ist ja eigentlich so wie immer«. Hat Reinhard Schmälzle wirklich gedacht, dass man sich schon nach einer dermaßen kurzen Zeit mit Macheten durchs wilde Dickicht kämpfen müsste?

Und dass die ohnehin schon beinahe ausgerotteten oder fortgezogenen Tiere sich plötzlich fotogen am Wegesrand tummeln würden? In lediglich achtundvierzig Monaten?

Vor einigen Wochen habe er eine Kreuzotter erblickt, die sich sonnte, das habe ihn gefreut, sagt Doll. Die Kreuzotter ist eine Giftschlange, die in Deutschland als stark gefährdet eingestuft und selbstverständlich streng geschützt ist. Doch mit einer Kreuzotter kann Franz Doll heute nicht dienen. Dafür sieht er auf einem Pfad etwas weiter eine kleine Wandergruppe, die offensichtlich nicht weiß, wo sie unterwegs ist. »Entschuldigen Sie bitte«, mahnt Doll mit sonorer Stimme, dessen Auge nichts entgeht. »Pilzesammeln ist im Nationalpark verboten.« Die Leute marschieren mit Körbchen in den Händen, sind auf dem Rückweg zum Parkplatz. Ein älterer Herr aus der angesprochenen Gruppe erwidert mit französischem Akzent, dass die Pilze nur für den persönlichen Bedarf seien. Sie kämen aus Frankreich, hätten deswegen nicht gewusst, dass das Sammeln von Pilzen hier verboten sei, beteuert er etwas kleinlaut. Die Leute sind offenbar am Morgen aus dem nahen Elsass angereist und dachten sich nichts dabei. Der Ranger mahnt nochmals eindringlich und belässt es dann bei der Belehrung. Bis jeder die Nationalparkidee begreift, kann es dauern, müssen noch viele Mahnungen und Erläuterungen folgen. Der Wald ist kein Selbstbedienungsladen für Hobbyköche, Action-Touristen, Axtschwinger und Kleinwildjäger. Großartige Natur gehöre zwar jedem Bürger, doch damit die Natur auch großartig wird und bleibt, darf der Mensch nicht eingreifen, muss er die natürlichen Prozesse des Werdens und Vergehens respektieren.

Dass der Schwarzwald »menschengemacht« sei, wie es der Ranger vor einer kranken Fichte stehend behauptet hat, erkennt man von einer Anhöhe aus, in der man eine leise Ahnung bekommt, wie ein Wald aussieht, der sich selbst überlassen wird. »Der Urwald von morgen«, wie es in einer Broschüre des Nationalparkzentrums heißt. Auf den ersten Blick sieht er chaotisch aus, undurchdringlich, irgendwie auch menschenfeindlich. »Verbuscht«, nennt es der Fachmann. Das Klischee vom romantisch-deutschen Sauberwald ist völlig dahin. Will man hier ein Selfie machen? Eher nicht. Aus dem Wirtschaftswald, der hauptsächlich aus soldatisch in Reih und Glied strammstehenden, meist ähnlich alten Fichten besteht, in dem tote Stämme baldmöglichst weggeschafft werden, entsteht nun ein wuchernder Bannwald aus verschiedenen Baumarten, deren Alter stark variiert. Dazwischen Farne, Sträucher, Totholz, Flechten, Pilze, Moose. Pure Vielfalt.

Der Wald, wie man ihn heute kennt, ist etwas mehr als zweihundert Jahre alt, erklärt Doll. Im 18. Jahrhundert habe im Schwarzwald eine »Goldgräberstimmung« geherrscht, erzählt der Ranger. Die industrielle Revolution in Westeuropa benötigte Energie, und der Rohstoff war unter anderem Holz. Viel Holz. »Die Gier nach Nutzholz war enorm«, sagt Doll. Den damals bestehenden

Urwald habe man einfach abgeholzt, große Teile des Schwarzwalds wurden gerodet. Vor allem die Seefahrernation Holland benötigte zum Bau ihrer Schiffe und Häfen Unmengen Langholz. Die Calwer und Murgtäler Holzhändler bedienten den Bedarf zuverlässig und wurden reich. Württemberg war in jener Zeit der führende Holzlieferant Europas. Außerdem benötigten die Bauern immer mehr Weideland. Das Ergebnis: Um 1800 war vom ursprünglichen Schwarzwald nicht mehr viel vorhanden, die Bestandsflächen größtenteils kahl. Innerhalb von nur fünfzig Jahren war der Schwarzwald im Einzugsbereich der Flüsse waldfrei! Als vielerorts die Bodenerosion einsetzte und die Umweltzerstörung plötzlich unmittelbar gefährlich für Leib und Leben wurde, begann man mit der Wiederaufforstung, die möglichst rasche Ergebnisse zeitigen sollte. Nicht Buchen, Eichen oder Tannen dominieren unser Bild vom Schwarzwald, es sind die Fichten. Im Bannwald Wilder See beträgt der Anteil der Fichten am gesamten Wald mehr als achtzig Prozent; es folgen Tannen und Kiefern. Alle sonstigen Baumarten – etwa Buche, Sandbirke, Vogelbeere, Birke und Mehlbeere – kommen zusammen auf nur ein Prozent der Bewaldung.

Die Septembersonne scheint wie im Juli, kein Wölkchen zeigt sich am Himmel. Auch für die kommenden Tage ist kein Regen angesagt. Man steht auf dem tausendundfünfundfünfzig Meter hohen Seekopf und hat einen herrlichen Blick hinunter zum Wilden See. Nur durch einen schmalen Streifen von der steil abfallenden Karwand getrennt gibt es einen beeindruckenden Blick auf den mehr als hundert Meter tiefer liegenden Karsee. Karseen sind Überbleibsel aus der letzten Eiszeit, die vor rund hunderttausend Jahren begann und erst vor gut elftausend Jahren zu Ende war. Doch von einer himmlischen eiszeitlichen Ruhe kann keine Rede sein. Viele haben sich aufgemacht, um an diesem Mittag den Nationalpark zu Fuß zu erkunden. Vögel hört man kaum, dafür das Geraschel der Funktionsjacken, Kinderlachen und sich artig bedankende Mountainbiker, denen Platz gemacht wird. Die Sehnsucht nach geschützter Natur ist offenbar immens, das Projekt lockt tatsächlich Touristen aus aller Welt an. Ein chinesisches Paar fotografiert sich selbst alle zehn Schritte, kichert um die Wette. Er trägt ein T-Shirt mit der Aufschrift »Berlin is my happy place«, sie ist in Pumps und Schlauchmini unterwegs. Egal. Hauptsache, die Touristen hinterlassen keinen Müll, leinen ihre Hunde an, lesen die Schilder und respektieren die Natur. Die medial kursierenden Schätzungen, wonach der Rückzugsraum bedrohter und seltener Arten zwischen zweihundert- und vierhunderttausend Besucher pro Jahr in die Natur locken dürfte, scheinen sich zu bewahrheiten, obwohl es noch keine gesicherten Überprüfungen dieser Zahlen gibt. Dass die Menschen den Nationalpark und die diversen angebotenen Themenführungen angenommen haben, daran besteht aber kein Zweifel. Auf dem Wanderweg geht es an Wochenenden zu wie in der Rushhour.

Das ist womöglich der Grund, weshalb wilde

Tiere an diesem Tag eher theoretisch, auf Schautafeln etwa, anzutreffen sind. Von der fehlenden, weil ohnehin sehr scheuen Kreuzotter war ja schon die Rede. Die Begegnung mit einem anderen Bewohner des Nationalparks wäre aber durchaus denkbar gewesen: dem Auerhuhn. Es sei das bekannteste Tier des Parks, erklärt Doll, ungefähr hundert Exemplare sind hier mittlerweile wieder heimisch. Sie nisten gern auf hohen alten Baumstümpfen, was in den penibel gepflegten Wirtschaftswäldern kaum möglich ist. Zudem benötigen sie störungsfreie Rückzugsräume, da sie viel Ruhe für ihren Bruterfolg brauchen. Neben dem Auerhuhn fühlt sich auch der Dreizehenspecht wieder wohl, bekommt man zu hören. Auch dieser Vogel freut sich über abgestorbenes, vor sich hin rottendes Holz, weil er darin genügend Nahrung, nämlich Insektenlarven, finden kann. Auerhuhn, Dreizehenspecht und acht andere der neunundachtzig bedrohten Brutvogelarten Baden-Württembergs sind im Nationalpark Schwarzwald heimisch. Es gibt aber auch Verlustmeldungen. Der Zitronenzeisig ist endgültig aus dem Park verschwunden. Bis vor einigen Jahren gab es noch zehn Paare dieser kleinen Gebirgsvogelart. Warum, darüber kann man nur spekulieren. Der wahrscheinlichste Grund? Der arme Zitronenzeisig ist ein Opfer des Klimawandels geworden.

Nun geht es hinunter zum Wilden See, dem Karsee, über Stock und Stein, über Wurzel und Baumstamm. Man sollte eine gewisse Trittsicherheit besitzen, denn so ein Pfad im Nationalpark kann sich schnell zum Hindernisparcours entwickeln. Eine stürmische Nacht, und es liegt auf dem Seesteig ein riesiger Ast quer, den selbstverständlich keiner wegräumt. Franz Doll empfiehlt jedem, sich Zeit zu lassen beim Abstieg, sich zu entspannen: »Lasst mal den Weg vom Feeling her auf euch wirken.« Der Wilde See schimmert ultramarin zwischen den Wipfeln. »Und greift ruhig mal in so ein Stück Totholz, fühlt das Material, riecht daran.« Wir machen es, schnuppern am modrigen Etwas und haben dreckige Hände und Nasenspitzen. Das macht Spaß. Nicht weit vom Ufer steht Franz Doll und streichelt beinahe zärtlich einen mächtigen Stamm. Es ist die »Großvatertanne«, ein Baum, der geschätztermaßen zwischen hundertfünfzig und zweihundert Jahre alt ist. »Das Symbol des Bannwalds«, sagt Franz Doll. Solch alte Bäume sind die absolute Ausnahme im Schwarzwald, der ja vor allem ein Fichtenwald ist. Womit wir wieder beim Borkenkäfer wären, der der Großvatertanne nichts anhaben kann. Denn der reiskorngroße Krabbler befällt in der Regel nur junge Fichten, die nicht älter als achtzig Jahre alt sind. Wo keine Monokultur herrscht, gibt es auch kein Problem mit dem vermeintlichen Schädling, dem Borkenkäfer. Er sorgt für Totholz, schafft den Lebensraum für Pilze, Flechten und Spechte. Den anderen Bäumen kann er nichts anhaben. Nicht nur der Schwarzwald, auch die Borkenkäferplage ist also menschengemacht. Inzwischen hat die Bundesregierung beschlossen, dass fünf Prozent der deutschen Waldfläche ausgewildert werden sollen. Deutschland habe die UNO-Konvention zur Biodiversität unterschrieben, sagte seinerzeit der grüne Landesminister für Ländlichen Raum und Verbraucherschutz in Baden-Württemberg Alexander Bonde dem *Spiegel*: »Wir als reiche Exportnation können nicht von Brasilien verlangen, fünfundzwanzig Prozent seines Regenwalds in Ruhe zu lassen, und selbst nicht mal 0,7 Prozent unseres Staatswalds der Artenvielfalt widmen. Wir stehen unter Beobachtung.«

Unter Beobachtung steht die Politik, aber vor allem die Natur. Am See angekommen ist man direkt ergriffen von einer geradezu unheimlichen Stille. Man schaut sich um und kommt sich vor wie ein Eindringling. Ein, zwei Minuten lang schweigt die Gruppe, ein bewusster Versuch, sich selbst zurückzunehmen. Ist das überhaupt möglich? Schweigen? Jemand hält es nicht aus und holt aus seinem Rucksack ein belegtes Brot; die Alufolie raschelt, kein Drama, eigentlich. In diesem Augenblick der andächtigen Naturschau hat das allerdings den Effekt eines Lastwagens bei Vollbremsung. Man will es gar nicht denken, geschweige denn aussprechen: Doch der Schwarzwald ist erst dort ganz bei sich, wo der Mensch weit weg ist. Ganz weit weg.

»Maidle, mach dir Locke, sonscht bleibsch hocke!«

Schon die alten Ägypter wollten sich mit ihr schmücken, doch erst ein Schwarzwälder fand den lang anhaltenden Dreh heraus

Es gibt eine finstere Zeit in unseren Leben und Fotoalben, für die wir uns heute schämen. Viele Menschen sahen damals aus, als hätten sie sich dickliche Pudel auf den Kopf geschnallt. Plötzlich ähnelten sich: Nicole Kidman, Pierre Littbarski und der goldkettchentragende, Ernte 23 rauchende Hausmeister aus dem Nachbarblock. Windbeständig und widerborstig – in den krausen Achtzigern verwandelten sich Frisuren in dreist wippende Spirellihauben, die den Blick vom aussagelosen Gesicht ablenkten.

Verantwortlich für diese letzte, in ästhetischer Hinsicht schmachvolle Hoch-Zeit der Dauerwelle ist ein Schwarzwälder namens Karl Ludwig Nessler, der freilich nur die besten Absichten hatte. 1896 kreierte der findige Todtnauer auf dem Kopf seiner vor Schmerzen schreienden Ehefrau Katharina die allererste mit einer alkalischen Tinktur und erhitzten Metallzangen dauerhaft geformte Spirallocke. Noch während die Testperson ihre Brandblasen und die übrigen verkohlten Strähnen entsetzt im Spiegel betrachtete, begann Nesslers Siegeszug.

Zehn Jahre später präsentierte er in London

unter dem Künstlernamen Charles Nestlé öffentlich die erste patentreife Heißdauerwelle, die zu jener Zeit der Schrecken aller Coiffeure war. Sie fürchteten anfänglich um ihr Geschäft mit den herkömmlichen Brennscheren, deren Ergebnis lediglich bis zur nächsten Kopfwäsche ansehnlich war. Der Durchbruch gelang Nessler schließlich in den Vereinigten Staaten, wo er nach Ausbruch des Ersten Weltkriegs fortlaufend seine Geräte optimierte, die Dauer der »Haarbehandlungen« verkürzte, Schönheitssalons in New York, Chicago, Philadelphia, Palm Springs und Detroit eröffnete. Nessler verdiente Millionen.

In Todtnau wird die Erfindung der Dauerwelle mit einem Museum zu Ehren des großen Sohnes, Lockendrehers und Damenverstehers gewürdigt. Monika Schneider, von Haus aus Touristikerin, kämpfte seinerzeit als Mitglied des Gemeinderats mit anderen jahrelang und auch mit Unterstützung des örtlichen Heimatvereins um eine angemessene Ehrung. Er war ja kein Spinner, dieser Nessler, sondern ein Mann des Fortschritts, der vor allem zeitiger als andere die Möglichkeiten der Elektrizität erkannte. Dass Todtnau bereits um 1900 mit Elektrizität versorgt war, demnach früher als andere Orte in Deutschland eine gute Infrastruktur besaß, würde man eher nicht vermuten. Aber viele von Nesslers Gerätschaften waren ja auf elektrischen Strom angewiesen. Indem man die Geschichte der Dauerwelle in Erinnerung bringt, rückt man auch die weniger klischeebehaftete Seite des vermeintlich rückständigen Schwarzwälder Hinterwäldlerorts in besseres Licht. »Er war der Prototyp eines Schwarzwälder Tüftlers«, sagte Schneider kurz vor der Eröffnung des Museums in den Ausstellungsräumen in der Friedrichstraße. Das ist nun schon einige Jahre her, gilt aber immer noch.

Denn die Frage, was eigentlich der »Prototyp eines Schwarzwälder Tüftlers« sein soll, ist keineswegs vom Tisch. Nessler war und ist kein Einzelfall. Alljährlich wird die Zahl der Patentanmeldungen in Deutschland nach Bundesländern veröffentlicht. Und als die Deutsche Presseagentur bei der letzten Bilanzierung erneut vermeldete, dass Bayern und Baden-Württemberg in Sachen Erfindergeist »weit vor der restlichen Republik« rangierten, wunderte das niemanden mehr. Im Jahr 2017 kamen aus den beiden Südländern fast zwei Drittel aller inländischen Patentanmeldungen beim Deutschen Patent- und Markenamt in München. 2016 war das so, 2015 nicht anders. Und so fort. Und man kann davon ausgehen, dass auch in den kommenden Jahren die Tüftler im Süden sitzen, in Garagen, Werkstätten und Laboren ihr kreatives Unwesen treiben. Ein wesentlicher Grund für diese Erfolgsstory sei, dass im Süden viele große Unternehmen sitzen, die die meisten Patente anmelden, heißt es immer wieder, die Autofirmen zum Beispiel.

Spannend wird es allerdings, wenn man sich die Südländer genauer anschaut und Baden-Württembergs Innovationskraft auch historisch einordnet. Bayern liefert sich zwar ein Kopf-an-Kopf-Rennen um den Spitzenplatz bei den Patentanmeldungen, doch das Fahrrad, das Automobil, der Dübel, der Skilift, der Büstenhalter, das Reibestreichholz mit Phosphorkopf und so vieles mehr sind alles Erfindungen aus Baden-Württemberg, die unser Leben noch heute tagtäglich bestimmen oder zumindest beeinflussen – mal abgesehen von der Dauerwelle und der Spätzlepresse, die 1939 von dem Stuttgarter Robert Kull patentiert worden ist und nicht zwingend in jedem südwestdeutschen Haushalt zu finden ist. Außerdem ist es bezeichnend, dass ausgerechnet im Schwarzwald, den man mit Tourismus und Abgeschiedenheit verbindet, dermaßen viele technische Innovationen ihren Anfang nehmen. Nach dem jährlich veröffentlichten Innovationsindex stehen die Landkreise Schwarzwald-Baar-Heuberg sowie Nordschwarzwald zusammengenommen mit der Landeshauptstadt Stuttgart an erster Stelle.

Neben den überdurchschnittlich hohen Landesinvestitionen in Forschung und Bildung sind es vor allem die vielen Familienunternehmen, in denen sich offenbar Tüftlergeister wohl fühlen. Von den rund tausend größten deutschen Familienunternehmen befinden sich fast zweihundert in Baden-Württemberg. Ganz zu schweigen von der hohen Produktivität Tausender mittelständischer Betriebe, die ihrerseits um die kreativsten Köpfe buhlen und selbige fördern. Und dann wäre da noch die Sache mit der Mentalität der Schwaben und Badener. Erstere behaupten gern, die Lust am Erfinden käme von einem guten *Viertele* Trollinger, was man aber als passionierter Weintrinker durchaus anzweifeln kann. Der Trollinger tut so, als wäre er ein Rotwein, dabei ist er nur eine hellrote, essigfarbene Flüssigkeit, eine Traubenlimo für Erwachsene, die der eingeborene Schwabe sinnigerweise nicht trinkt, sondern *schlotzt* – und ein guter Grund, um selbst als genussfeindlichster Daniel Düsentrieble das ansonsten hervorragende Weinland Baden-Württemberg schnellstmöglich in Richtung Frankreich zu verlassen.

Nein, es muss etwas mit der Landschaft selbst zu tun haben, weshalb die Menschen hier auf die seltsamsten Ideen und Freizeitbeschäftigungen kommen. Artur Fischer, der Erfinder der berühmten Fischer-Dübel, meinte einmal, dass es von der rauen Natur komme. Fischer erzählte gerne von kargen Gegenden wie der Schwäbischen Alb. Da habe es nichts gegeben, daher mussten die Menschen dort einfach alles selbst erfinden. Artur Fischer, der unerreichte Patentekönig, starb 2016 im Alter von sechsundneunzig Jahren. Seine Kunststoffdübel haben ihn weltweit bekannt gemacht. Ohne Fischers Wandbefestigungen mittels Kunstoffeinsätzen sähe die Welt wohl anders aus, wackeliger, schiefer. Bis ins hohe Alter ging er noch nahezu täglich in die von ihm gegründeten Fischerwerke in Waldachtal im Schwarzwald, wo er auch geboren wurde. Er habe sein ganzes Leben »Probleme aus seinem Alltag in Lösungen verwandelt«, würdigte das Europäische Patentamt einmal Fischers Arbeit und zeichnete ihn für sein Lebenswerk mit dem Erfinderpreis aus. Mehr als elfhundert Patente und Gebrauchsmusteranmeldungen gehen auf Fischers Konto. Nur so am Rande: In Waldachtal leben sechstausend Seelen. Zu den wichtigsten Attraktionen gehören – neben den Fischerwerken – ein keltischer Grabhügel, eine Wallfahrtskirche und ein neunhundert Meter langer biblischer Rundwanderweg, der aus neunzig Stationen besteht. Und nicht zu vergessen die erholsame Landschaft und Natur. Mit anderen Worten: Hier steppt der Bär. Und niemanden wundert es, wenn hier einer aus Langeweile zum weltgrößten Erfinder wird.

Ganz so doll wie Artur Fischer trieb es Karl Nessler dann doch nicht. Das wertvollste Objekt im Nessler-Museum ist neben zahlreichen Fotografien, Dokumenten, Salonmöbeln und Frisierbürsten ein originalgetreuer Nachbau des ersten Dauerwellenapparats. Auf die Frage, warum einer im tiefen deutschen Südwesten auf die abseitige Idee kommt, Frauenhaare zu kräuseln, antwortet Monika Schneider, Artur Fischer bestätigend, mit der Vermutung, das könnte ja mit der Topografie des Schwarzwalds und den langen Wintern zu tun haben. Die Angestellte im Museum meint hingegen: »Der Nessler muss die Frauen geliebt haben«, und unterfüttert ihre These mit einer früher offenbar nicht nur in Todtnau gebräuchlichen Weisheit: »Maidle, mach dir Locke, sonscht bleibsch hocke!« So gesehen wirken rückblickend auch die Spirelliköpfe beziehungsweise Spätzleköpfe der achtziger Jahre verzeihlich.

Von Kehren und Sauschwänzen

Im Schwarzwald ist die kürzeste Verbindung zwischen
zwei Orten nicht unbedingt die Gerade. Man fährt sich
schon mal schwindlig. Unterwegs auf einer Tour der
tausend Kurven

Und wieder eine Kurve. Und noch eine. Oder ist
das doch ein Bogen? Vielleicht eine Schleife? Nein,
auf keinen Fall eine Schleife. Eher eine Schlinge,
bei der einem gleich schwindlig wird, womöglich
schlecht. Zum Glück sind keine Kinder auf dem
Rücksitz. Das wäre eine Sauerei. Das Letzte, was
wir hier benötigen, ist jetzt eine Kurvendiskussion.
Geht es hier überhaupt voran? Man sieht ja den
Wald vor lauter Bäumen und Kehren nicht mehr.
Und was ist eigentlich der Unterschied zwischen
einer Krümmung und einer Biegung? Egal. Eines
ist jedenfalls klar: Nach der nächsten Serpentine
wird rechts rangefahren. Das ist ja das Allerletzte
… und was für eine Aussicht ist das denn jetzt hier?
Wahnsinn.

Der Weg durch den Schwarzwald führt mit wenigen Ausnahmen in scharfen Kurven voran oder
auch mal ein Stück geradeaus und wieder zurück.
Man kann schon mal die Orientierung verlieren,
mit oder ohne Navigationsgerät. Und weil es ein
Mittelgebirge ist, geht es zu allem Übel andauernd
auf und ab. Bis zur nächsten Kurve.

Beim Fahren auf Schwarzwalds Straßen kommt

man schon mal ins Grübeln über das Hier und Jetzt. Die kürzeste Entfernung zwischen zwei Punkten ist ja bekanntlich die Gerade, sie scheint die vernünftige Streckenwahl, zumindest im euklidischen Raum. Denn die Gerade spart Zeit und Weg. Doch die Abkürzung ist aus der Mode gekommen, wer nur an die Zweckmäßigkeit und Wirtschaftlichkeit denkt, fliegt aus der Kurve oder verpasst die Gerade, völlig wurscht. Und wer dazu noch ein linientreuer Zeitgenosse ist, gerät schnell in Verdacht. Die Sehnsucht nach dem rechten Winkel wirkt kleinkariert gestrig, irgendwie bauhäusig nostalgisch und lediglich klassisch vormodern. Das Denken in Schlingen und Schleifen ist jetzt in Mode, selbst beim weiblichen Körper sind extraordinäre Kurven und Rundungen nicht mehr verpönt, Stichwort: Body Positivity. Wer seinen Burger in der Hipsterbude bestellt, will ihn hand- und hausgemacht, was immer das auch heißen mag, auf der Schreibtafel neben der Küchentheke steht deshalb »Handmade«, in schnörkeliger Handschrift natürlich. Authentisch sein will nun jeder, weswegen man sich nicht verbiegen sollte, um ein beamtischer Strich in der Landschaft zu werden. Eine runde Sache muss das postmaterialistische Leben mit weichem Vollbart und beuligem Jutebeutel sein. Die kürzeste Entfernung zwischen zwei Menschen ist ein rundes Lächeln.

Der österreichische Architekt und nicht unumstrittene Künstler Friedensreich Hundertwasser war der festen Überzeugung, dass gerade Linien im wahrsten Sinne des Wortes, im organischen Sinne, ungesund seien. Durch den geraden Boden, eine Erfindung der Architekten, verlerne der Mensch die natürliche Beziehung zur Erde. In Hundertwassers Kringelbildern und Baufassaden sucht man vergeblich einen rechten Winkel. Und nicht selten, wenn man einen Ausflug im Schwarzwald auf dem Beifahrersitz eines Autos macht und der Fahrer nur so durch die Kurven fliegt, wird einem etwas blümerant zumute und man fühlt sich wie eine grellbunte, psychedelisch anmutende und wogende Hundertwasserblume im antiintellektuellen Sturm. Ein Gläschen Schnaps und ein wenig Piet Mondrian zum Ruhigstellen wäre jetzt nicht schlecht.

Ruhigstellen? Davon halten Wolfgang und sein Freund Marko eher wenig. Im Ortszentrum von Seebach in der Ortenau wollen sie sich gerade ihre Motorradhelme überstülpen, als sie ein völlig verkurvter und schwindlig gefahrener Mensch aus Stuttgart nach dem Weg zum Nationalpark fragt. Irgendwo in der Nähe sollte das Nationalparkzentrum doch sein. Das wissen die beiden Männer nicht, sie schütteln ihre Köpfe. Nationalpark? Nie gehört. Sie wissen lediglich, dass sie mitten im Schwarzwald sind, haben hier nur in einer Pension übernachtet und wollen sich wieder auf ihre Maschinen schwingen. Die beiden sind extra aus dem Ruhrgebiet angereist, fünfhundert Kilometer aus Leverkusen, um sich am Wochenende mit der fetten Kawasaki und der nicht minder imposanten Honda in die Kurven zu legen. »Die B500 ist einfach geil«, sagen die zwei Biker in voller Montur und starten ihre Motoren, dann zeigen sie mit den Fingern in Richtung Himmel oder Berg, wo das ersehnte Stück Asphalt wohl sein soll. Sie knattern davon, nach oben. Und es ist nicht zu überhören, dieses brachiale Himmelfahrtskommando.

Die Bundesstraße B500, als Schwarzwaldhochstraße weit über die Region hinaus bekannt, zieht seit Jahren massenhaft Motorradfahrer an. Auch an diesem sonnigen Vormittag im Spätsommer. Aus allen Ecken des Waldes brummt und summt und röhrt es. Wenn die Straße trocken ist, finden sie aus allen Ecken Mitteleuropas hierher, sie kommen auf die Tour der tausend Kurven, was nicht jedem passt. Die Einheimischen sind oft genervt und nicht selten entsetzt. Die B500 ist offenbar eine schwer zu meisternde Herausforderung, denn immer wieder kommt es hier zu schwersten Unfällen. Man kommt ja nicht nur zum gemütlichen Cruisen, sondern ehrlicherweise auch zum Rasen, zum Gasgeben, zum Grenzenaustesten, die psychischen und physikalischen, was allerdings bei den schwer einzusehenden Kurvenausläufen fatale Folgen haben kann. Viele überschätzen sich. Die Polizei meldet eine Woche später – da sind Wolfgang und Marko hoffentlich wohlbehalten nach Hause gerauscht – wieder mal einen tödlichen Biker-Unfall auf der B500. Zwei Motorradfahrer starben, ein dritter wurde schwer verletzt. Wer an dem Unfall schuld ist, sei laut Polizei schwer zu sagen, war in der Lokalpresse zu lesen, beide Biker seien wohl zu weit in der Mitte gefahren. Gefährliche Überholmanöver sind gut für den Adrenalinhaushalt, aber schlecht für die eigene Sicherheit und die der anderen. Im Internet kursieren Videos, auf denen waghalsige Biker mit Helmkameras die kurvenreichsten Strecken festhalten.

Die berühmte Panoramastraße von Baden-Baden nach Freudenstadt lockt mit ihren rund sechzig Kilometern Länge ganze Motorradschwärme in den Wald. Aus ganz Baden-Württemberg, Frankreich, Belgien, den Niederlanden, der Tschechischen Republik und sogar aus England reisen sie an. In einschlägigen Motorradzeitschriften und auf Biker-Blogs wird die B500 regelmäßig angepriesen. An den Wochenenden seien an manchen Tagen bis zu viertausend Biker gleichzeitig unterwegs, heißt es seitens der Behörden. Tempobeschränkungen und moderne Blitzanlagen helfen nur bedingt. Die Straße ist durchgängig gut ausgebaut. Doch gegen den Kurvenrausch hilft kein Tempo-Fünfzig-Schild.

Im Jahre 1930 wurde die Straße eingeweiht, was man an der, sagen wir, romantischen Streckenführung erkennt – von ihrem Charme hat sie gerade deswegen bis heute nichts verloren. Sie verläuft in einer Höhe von sechshundert bis tausend Metern und eröffnet dem Besucher – am besten kurz vor Sonnenuntergang – betörende Blicke in den Schwarzwald, die Rheinebene und bis zu den Vogesen. Rein visuell ist die B500 ein unvergessliches Erlebnis. Allerdings: Wer an schönen Tagen hörbehindert ist oder mit Schalldämpfern auf den Ohren unterwegs, ist klar im Vorteil. Unterhalb der Hornisgrinde erreicht die Straße den Mummelsee, einen Karsee, der in der letzten Eiszeit entstanden ist. Es geht die Sage um, dass nachts im Mondlicht Nixen, auch *Mümmlein* genannt, aus dem See auftauchen. Tagsüber jedoch ist der See ein ebenso beliebtes wie umschwirrtes Ausflugsziel. Biker und Busse wohin man auch blickt. Weshalb der Mummelsee im lokalen Volksmund auch »Rummelsee« genannt wird.

Die schärfste und verrückteste Kurve des Schwarzwalds findet sich aber nicht auf der B500, sondern auf Schienen. Die Museumsbahn im Wutachtal, sinnigerweise auch *Sauschwänzlebahn* genannt, schlängelt sich zwischen dem Hochrhein und dem Südwestzipfel der Schwäbischen Alb, von Blumberg nach Weizen. Eisenbahnnostalgiker lieben die *Sauschwänzlebahn*. Das Schlängeln muss man wörtlich verstehen. Sitzt man im Zug, hat man bisweilen den Eindruck, man fährt vorwärts, irgendwohin, wo man noch nicht war. Doch dann schaut man aus dem Fenster und hat einen Déjà-vu-Moment: Dieser Landschaftszug da draußen kommt einem verdammt bekannt vor. Nur aus der gegensätzlichen Perspektive. Kann das sein? Und wie. Denn bei der Überquerung des Wiesenbachviadukts, rund sieben Minuten später, kommt man fünfzig Meter unterhalb in der anderen Richtung wieder vorbei. Hello again. Und das geht so: Blumberg und Weizen sind nur neun Kilometer Luftlinie voneinander entfernt. Die Eisenbahnstrecke zwischen den beiden Orten ist aber fünfundzwanzig Kilometer lang. Ursprünglich lautete eine militärische Verordnung, dass die Strecke höchstens eine einprozentige Steigung haben durfte, weshalb man die Route entsprechend wählte. Die normalspurige, eingleisige Bahnstrecke zwischen Lauchringen und Hintschingen ist insgesamt knapp zweiundsechzig Kilometer lang. Sie führt durch den Naturpark Südschwarzwald. Die Bahn ist einst auf Initiative des deutschen Militärs entstanden, man nannte sie seinerzeit auch Kanonenbahn. 1890 wurde sie durchgehend freigegeben und sollte in einem möglichen Folgekrieg gegen das erst kürzlich besiegte Frankreich gute Dienste leisten. Heute ist die *Sauschwänzlebahn* eine touristische Attraktion für alle Schwermetallfreunde, die schnaufende Lokomotiven lieben. Seit 1992 gibt es im ehemaligen Güterschuppen des Bahnhofs Blumberg-Zollhaus ein kleines Museum, das die Geschichte der Wutachtalbahn in einer Dauerausstellung dokumentiert. Alles wird ehrenamtlich organisiert.

Sieben Minuten in eine Richtung zu fahren, um am Ende keinen Meter vorangekommen zu sein, ist ein ganz spezieller Kurvenfall. Aber auch typisch Schwarzwald. Normalerweise fürchtet sich der Mensch ja davor, dass er die Kurve nicht mehr kriegt, so zumindest lautet die Redewendung. Hier aber kann man der Kurve nicht entkommen. Das Leben, eine einzige *Sauschwänzelei*? Es klingt so abgeschmackt, aber im Zugabteil erkennt man: Der Weg ist das Ziel. Oder heißt es doch: Das Weg ist das Ziel? Martin Heidegger, der Schwarzwälder Denkgroßmeister und Philosoph, hat einem seiner wichtigsten Werke den Titel »Die Technik und die

Kehre« gegeben. Wer das Buch als philosophischer Laie liest, versteht mitunter kein Wort, es geht um Technikskepsis und allerlei mehr; zumindest aber wird schnell deutlich, dass so eine Kehre oder Rückkehr nichts gravierend Schlimmes sein muss. Und wer dann die Heimkehr aus dem an Kurven und Bäumen so reichen Schwarzwald tatsächlich schafft, kann sich mit der mathematischen Weisheit trösten, dass bei ausreichender Vergrößerung jede Kurve durch eine Gerade approximiert werden kann. Noch Fragen?

Einfach edel

*Im Schwarzwald konnte man lange Zeit nur so essen:
unglaublich gut oder unendlich bieder. Dazwischen gab
es wenig. Das hat sich geändert*

Deutschlands prominentester und gefürchtetster
Gastronomiekritiker Wolfram Siebeck schrieb vor
gut einem Jahrzehnt in seinem Leib- und Magen-
blatt, der Hamburger *Zeit*, was ihm sauer aufstieß,
wenn er im Südwesten ein Lokal ansteuerte: »Der
Schwarzwald hat ein Problem: Er ist neben Ober-
bayern die populärste Ferienregion Deutschlands
und lockt Urlauber in Massen an. Und was finden
die vor? Eine Gastronomie von größter Biederkeit.
Ich rede hier nicht von den Edeladressen in Baiersbronn, wo sich in einer einzigen Gemeinde mehr
Gourmetlokale und Küchenstars angesiedelt haben
als an jedem anderen Ort vergleichbarer Größe.«

Eine Gastronomie von größter Biederkeit?
Wolfram Siebeck ist vor ein paar Jahren gestorben,
doch sein vernichtendes Urteil hängt immer noch
wie eine schwarze Wolke über der Schwarzwälder
Gastronomie. Häme, alles nur Häme, werden nun
die Fremdenverkehrsämter einwerfen und auf die
immens hohe Sterne-Dichte im Schwarzwald ver-
weisen. Tatsächlich kann man im Schwarzwald so
gut essen wie nirgendwo sonst in Deutschland jenseits der Metropolen, so scheint es zumindest. Sie-

benunddreißig Michelin-Sterne sind im Jahr 2018 von den Gourmetkritikern auf neunundzwanzig Lokale verteilt worden, was ein unglaublich guter Wert ist. Und Baiersbronn im nördlichen Schwarzwald bleibt der Fixstern der Feinschmecker im Schwarzwald – gleich acht Sterne leuchten über drei Restaurants. Baiersbronn ist deutschlandweit der einzige Ort, der gleich zwei Drei-Sterne-Restaurants beheimatet.

Und doch bleibt es unterhalb des hell leuchtenden Sternenfirmaments mancherorts zappenduster. Wenn es um die Verköstigung auswärtiger Schlemmerfreunde geht, riecht es hinter Fachwerkfassaden nach Mehlschwitze und essigsaurer Salattunke, wird in den Küchen mit Maggi-Fix-Saucenbinder und kiloweise Margarine hantiert. Zu den regionalen Klassikern gehören am Sonntagmittag der Rostbraten mit Spätzle, am Nachmittag zum Kännchen Filterkaffee die Schwarzwälder Kirschtorte mit Schnapsfahne. Und am Abend die Schinkenplatte, dick geschnitten bitte. Und günstig. Schon richtig: Auch deswegen kamen die weniger betuchten Touristen aus dem Norden, die es einfach und rustikal liebten und im Zweifel den schnell angerührten Tütensaucensee auf dem Teller einem richtigen Tröpfchen Jus stets vorzogen. Dann begann der Niedergang, die Kegelvereine und Kaffeefahrten-Omis kamen zwar immer noch, doch die Jüngeren ohne Geld, aber mit Geschmack wollten etwas anderes, Regionales mit Herkunftsnachweis, auch mal Vegetarisches auf der Karte, etwas Schickes unterm Po und fürs Auge. Das gab es schon, ganz klar, nur leider selten. Das Image war dahin und die Investitionen blieben aus. »Eine kleinbürgerliche Gastronomie und seine Kuckucksuhr-Kultur haben dem Schwarzwald den Ruf eingetragen, als Lockmittel nur noch auf Gelsenkirchener Busse zu wirken«, schrieb Wolfram Siebeck. »So ein Ruf schreckt ab.«

Ungefähr zur selben Zeit, als der Doyen der deutschen Restaurantkritik sein Urteil fällte, zog es Andreas Sondej nach Rantum auf der Insel Sylt, also denkbar weit weg von seinem Heimatdorf im Schwarzwald. Sondej nahm im bekannten »Dorint Söl'ring Hof« eine Stelle als Souschef im Restaurant des Fünf-Sterne-Hotels an. Schon ein Jahr später stieg Sondej nach seiner Meisterprüfung zum Küchenchef auf. Dazu muss man wissen, dass erstens: Sylt immer noch die Insel der Reichen und manchmal auch der Schönen ist, die gerne gut essen; und zweitens: dass im Söl'ring Hof ein gewisser Johannes King kocht, seit dem Jahr 2000, um genau zu sein. Zwei Michelin-Sterne hat er erkocht und über die Jahre gehalten. Und nur so am Rande: King wuchs mit neun Geschwistern auf dem Bauernhof der Eltern im Schwarzwald auf. In Schramberg. »Einen väterlichen Freund« nennt ihn Andreas Sondej liebevoll, was unter Köchen heutzutage nicht selbstverständlich ist.

Ebenso wenig selbstverständlich ist ein Ausflug nach Monakam, wo Andreas Sondej heute in seiner eigenen Küche steht. Vor vier Jahren übernahm der Fünfunddreißigjährige den Gasthof »Hirsch« seiner Eltern. Hier, am Ende der Hauptstraße, kann man sein Auto in der Sackgasse parken und wandern gehen. Oberhalb des schönen Monbachtals, das wegen seiner Ursprünglichkeit unter Naturschutz steht. Durch diese reizvolle Klamm geht es in den Luftkurort Monakam und nach Bad Liebenzell.

Doch wer keine Lust auf Bewegung hat, dem bleibt nur die Rückfahrt in das gut vierzig Kilometer entfernte Stuttgart, was mitunter deprimierend ist, denn wer auf der Landstraße zurücktuckert, kommt durch viele Dörfer mit blinden Wirtshausfenstern. Das Sterben der Landgasthöfe ist unübersehbar. Also kehrt er bei Andreas Sondej ein, sein »Hirsch« ist ohnehin der einzige Gasthof in diesem verschnarchten Dorf im Nordschwarzwald. Und weil es nur eine Hauptstraße in Monakam gibt, erübrigt sich jede Wegbeschreibung.

Die Hoffnung sind die jungen in der Spitzengastronomie ausgebildeten Köche, die zurückkommen, um etwas in der heimatlichen Provinz aufzubauen, um etwas zu wagen, was ihren Eltern und Großeltern seltsam fremd vorkommen muss. Eine ambitionierte Küche jenseits der Schwarzwald-Klischees, raffiniert und trotzdem ohne zu viel Schnickschnack, nicht billig, aber bezahlbar. Knapp unterhalb des Sterne-Niveaus, ohne großbürgerliche Hemmschwellen, auch für Menschen geeignet, die es gemütlich mögen, locker. Und wo die Mama des Kochs noch bedient und über ihren Sohn sagt: »Der Andreas isch wegen der Liebe heimkomme.«

Den Gasthof »Hirsch« betreibt die Familie Sondej schon seit mehr als hundert Jahren, mittlerweile in sechster Generation, es ist ein altes, trutziges Haus mit Satteldach. Weiß verputzt, nichts Besonderes, kein Denkmalschutz, die letzte Renovierung liegt schon etwas länger zurück. Es gibt zahllose Gasthöfen wie diesen in den Schwarzwälder Dörfern, abgesperrt, heruntergewirtschaftet. Doch nicht in Monakam, wo der Eindruck glücklicherweise trügt. Nach dem Eintreten ist man sogleich angenehm überrascht. Die zwei Gasträume sind geschmackvoll, weil puristisch eingerichtet, die Sitzbezüge auf den Bänken, Stühlen und Vorhängen haben einen skandinavischen Touch, die kleinen Karos beruhigen das hungrige Auge. Der Gruß aus der Küche ist heute eine unglaublich frische Kombination aus Frischkäse mit Amaranth auf Kräuterpesto aus eigenem Garten und dazu selbst gemachtes Brot. Fünfundzwanzig bis vierundvierzig Gäste können hier Platz nehmen, für diesen Abend ist schon wieder alles reserviert. An einem Montag.

Die Karte wechselt alle drei bis vier Wochen, Andreas Sondej will seinen »Spaß beim Zubereiten und Kreieren von neuen Gerichten« haben, wie er sagt. Seine Stammgäste kommen aus Karlsruhe, aus Pforzheim und natürlich aus der Landeshauptstadt. Draußen steht ein Bentley, weiter hinten ein Porsche. Die Leute aus der unmittelbaren Nachbarschaft sind eher selten auf der Reservierungsliste zu finden. »Die tun sich schon ein bisschen schwer«, sagt Andreas Sondej. Was er meint, ist: Die, die ihn als den kleinen »Wirthausjungen« kennengelernt haben, sind womöglich ein wenig neidisch auf den Erfolg des jungen Kochs, der von der

Insel Sylt zurückkam und plötzlich alles anders machte. Am Preis liegt es nicht, dass die *Großkopferten* aus Stuttgart und Karlsruhe vorbeischauen, wie man im Schwäbischen die Eingebildeten nennt, sondern an der herausragenden Qualität der Zutaten. »Die Produktqualität liegt bei einem Stern, manchmal bei zwei Sternen«, erklärt Sondej herzerfrischend unbescheiden. Oft seien es dann die Zubereitung, das Raffinement, die Weinbegleitung, irgendein vorherrschender Trend in der Spitzengastronomie sowie die Anzahl der Amuse-Gueules, die man den Leuten zwischen den Gängen anbiete, die die Vergabe der Sterne beeinflussten. Andreas Sondej will eben keinen Stress und keinen Stern vom Michelin-Himmel herunterholen, gerade so nicht – »und das kann man steuern«, sagt er. Und deswegen gibt es keinen Sommelier, keinen Weinkeller, und auch kein Generve mit den ständigen Gaumenfreuden.

Dafür bedient einen jetzt Rosemarie Sondej, die supersympathische Mutter, von der ihr Sohn ein bisschen frech, aber liebevoll sagt, sie würde bei jeder Gesellenprüfung zur Kellnerin durchfallen. Aber gerade deswegen ist sie ja so beliebt im Monakamer Hirsch. Die Frau liebt ihren Job und diesen Ort, der ihr Zuhause ist. Sie erzählt, während sie die Bestellung aufnimmt, dass ihr Sohn an Weihnachten zu Besuch war und eigentlich nicht vorhatte, seine Stellung in Rantum auf Sylt aufzugeben. Doch seine Schwester habe ihre beste Freundin zu Besuch gehabt, und da habe es eben gefunkt. »Zum Glück«, sagt die stolze Mutter, die froh ist, dass ihr Sohn der Liebe wegen nach Hause kam und im »Hirsch« zu kochen begann. Raffiniert schwäbisch, immer gutbürgerlich, mit einem Hauch der feinsten Nordseeküche. Nicht unwitzig, das Konzept, auf jeden Fall außergewöhnlich. Für die Sondejs und den Gasthof war es die Rettung, denn dem Traditionslokal blieben auch schon die Gäste weg, die Schließung der Gastwirtschaft schien unausweichlich. Die Zielgruppe verlor man aus den Augen, mit Rostbraten und Spätzle hat man kein Alleinstellungsmerkmal im Schwarzwald. Zu den ersten Maßnahmen gehörte die Abschaffung des Stammtischs. »Das ist einfach nicht mehr zeitgemäß«, sagt Andreas Sondej. Auch die Dekoration und Möblierung gehört in die Welt einer anderen Generation. Hinterm Eingang wird der Unterschied deutlich: Statt echter Geweihe finden sich stilisierte Wildtrophäen an der Wand – aufgemalt in grellen Farben. Und statt schwerer Sitzmöbel und Bänke stehen helle, leichte Stühle an ebenso filigranen Holztischen. Von der Decke strahlt warmes Licht. Es gibt keine Funzeln, keine staubigen, gelbstichigen Leuchter mit eingedrehten Energiesparlampen. An den Wänden: streng komponierte Fotolandschaften, Schwarzwaldimpressionen, unkitschig.

Für Andreas Sondejs Vater Werner, sagt der Sohn, sei das schwer gewesen, aber nur so könne man jüngere Gäste ins Dorf holen. Und Menschen, die Appetit auf richtig gutes Essen haben. Fürs nächste Jahr will man Gästezimmer einrichten. Es läuft.

Dann kommt schon Rosemarie Sondej mit den dampfenden Tellern. Als Vorspeise hat man eine Feldsalatsuppe mit Jakobsmuscheln und Speckschaum von der übersichtlichen Karte gewählt, eine kluge Entscheidung, weil die drei Zutaten wunderbar harmonieren und sich ergänzen wie ein eingespieltes Streichertrio. Auf der reduzierten Speisekarte werden gerade einmal vier Hauptgerichte unter dem Stichwort »Hauptsächliches« angeboten, ein Indiz für frische und handwerklich ambitionierte Küche. Doch eine kleine Karte kann auch Stress erzeugen, dann vor allem, wenn man mit Unverträglichkeiten gesegnet oder mit gewissen Abneigungen unterwegs ist. Andreas Sondej gelingt es aber, die Gerichte so zu komponieren, dass wirklich für jeden etwas dabei sein dürfte, und wer eben keine Jakobsmuscheln und keinen Speckschaum will, so fluffig und duftend er auch sein mag, der bekommt die Feldsalatsuppe ganz ohne Begleitung und wird dennoch begeistert sein.

Nun zum Zwischengang: sautierte Kalbsnieren auf Betepüree nebst Knollen vom Kerbel, dazu halbsüße Perlzwiebeln. Das Gericht ist aromatisch bis deftig abgeschmeckt, Sondej erweist mit den regelmäßig auf seiner Karte erscheinenden Innereienrezepten der rustikalen Landhausküche seine Reverenz. Die Rote Bete stammt von »Opa Knapp«, dem Schwiegervater des Kochs, aus dessen Garten, um genau zu sein. Sein Name taucht in der Produzentenliste auf der Karte auf, wobei Andreas Sondej mit dem Namedropping der regionalen Zulieferer behutsam umgeht. Er zeigt damit auch: Die Herkunft und Qualität der Produkte ist viel, aber nicht alles. Wer mit einer biodynamisch gezogenen Knolle aus dem Familienbetrieb in der Küche nichts anzufangen weiß, der hat am Ende auch nur eine olle Knolle auf dem Teller, die ungefähr so gesund wie ein gedünsteter Medizinball schmeckt, und nur das. Die sautierten Nierchen wiederum, die sind mal ein Wohlfühlessen für die Seele, dazu der Lemberger aus dem Remstal nördlich von Stuttgart: Was braucht man mehr? Genau, das: einen Hauptgang. Und zwar mit einem Gruß vom denkbar weit entfernten Meer: Nordseefische und Pulpo, die wunderbar mit dem orientalischen Couscous korrespondieren, von dem Ras el Hanout, den Shiitake-Pilzen und den kurz angebratenen Pak-Choi-Streifen ganz zu schweigen. »Und, isch auch älles in Ordnung?«, fragt Mutter Sondej und legt einem die Hand auf die Schulter. Und wie. »Ein typisches Rezept aus dem Schwarzwald, net wahr?«, sagt sie und lacht.

An der schönen heiser-rauen Donau

Donaueschingen ist ein weltberühmter Ort. Nein,
nicht der Donau wegen. Sondern wegen der Musik

Carlos studiert Komposition an der Stuttgarter Mu-
sikhochschule. Er ist Mexikaner, ein junger, leiden-
schaftlicher Musiker, der Bach, Beethoven und die
Liebe der Deutschen zur Hochkultur bewundert.
Deswegen ist er auch nach Deutschland gekommen. Carlos' Werke wurden schon in halb Europa aufgeführt, auch von namhaften Künstlern wie
dem Stuttgarter Ensemble Ascolta. Doch als ich ihm
sage, dass ich am nächsten Sonntagmorgen nach
Donaueschingen zu den dortigen Musiktagen fahren werde, wünscht er mir: ein herzliches Beileid.

Donaueschingen ist eine Stadt im Schwarz-
wald-Baar-Kreis, sie liegt fünfzehn Minuten ge-
mächlicher Autofahrt von der »Großen Kreisstadt«
Villingen-Schwenningen entfernt. Das kleine, nur
etwas mehr als zweiundzwanzigtausend Einwohner zählende Donaueschingen ist weltberühmt,
und das nicht nur im Schwarzwald, viel berühmter
jedenfalls als Villingen-Schwenningen. Die meisten Touristen besuchen das Städtchen wegen der
Donauquelle. Das Becken der Quelle, die direkt im
Fürstlich Fürstenbergischen Schlosspark zwischen
der Stadtkirche St. Johann und dem sehenswerten
Schloss liegt, ist mit einer schmiedeeisernen Ein-

fassung richtig hübsch umrahmt. Man weiß ja, dass dieses überschaubare Rund der Anfang von etwas Großem, Völkerverbindendem ist. Die Donau ist eine Lebensader, die den Westen mit dem Osten Europas verbindet. Die meisten, die da aus der Ferne anreisen und ins klare Nass starren und ein Selfie mit Quelle im Rücken machen, wissen allerdings gar nicht, dass es den einen einzigen Quellort so nicht gibt. Was da in Donaueschingen aus der Erde sprudelt, ist Regenwasser aus dem Schwarzwald. Es versickert überall und irgendwo und kommt hier wieder ans Tageslicht. In Donaueschingen gilt eine von fünfzehn dieser sogenannten Karstaufstoßquellen seit dem römischen Kaiser Tiberius als Donauquelle.

Doch die anderen, die im Herbst wegen der Musik nach Donaueschingen pilgern (oder genau deswegen den Ort weiträumig umfahren), interessieren sich nicht für aufstoßende Karstquellen, geheimnistuerisches Regenwasser und etwaige Probleme bei der Längenmessung des zweitlängsten europäischen Flusses. Östlich von Donaueschingen kommen die Flüsse Breg und Brigach zusammen, sie gelten als Quellflüsse der Donau. Von der Mündung bis zu diesem Punkt des Zusammenflusses beträgt die Länge der Donau zweitausendsiebenhundertneunundsiebzig Kilometer – und im Falle der Donau wird ausnahmsweise rückwärts gezählt: von der Mündung im Donaudelta zurück in den Schwarzwald. Das nur für die Statistiker. So betrachtet scheinen die angegebenen zweitausendachthundertfünfzig Kilometer an der Donauquelle leicht übertrieben und nicht offiziell. Und nur so am Rande: Der Streit über den einzig gültigen Quellort schwelt schon seit Jahrhunderten.

Will man angenehm Plätscherndes, hält man sein Ohr über die winzige Donau und lauscht mit verklärtem Blick. Will man aber Disharmonisches auf die Löffel bekommen, begibt man sich an einem nebligen Oktobersonntagmorgen in Richtung Donauhallen. Kurz vor elf Uhr, im großen Foyer vor dem Mozartsaal. Man bereitet sich mit Kamillentee und Brezel auf das vor, was da kommen mag. Eine verschworene Gemeinschaft von Musikfreunden hat sich versammelt, ein babylonisches Stimmengewirr erfüllt die Räume. Die Kleidung? Schwarz bis Grauschwarz, das von einem dezenten Kieselgrau überlagert wird. Es könnte sich auch um einen Architektenkongress handeln oder um Komparsen, die sich gerade für den Remake-Dreh eines Schwarz-Weiß-Films aus dem italienischen Neorealismo versammeln. Wären da nicht die jüngeren Besucher, die umständlich mit ihren Instrumentenkoffern hantieren.

Die Musiktage wurden 1921 als »Donaueschinger Kammermusikaufführungen zur Förderung zeitgenössischer Tonkunst« gegründet und sind das älteste und traditionsreichste Festival für Neue Musik weltweit. Zum Auftakt wurde seinerzeit das Quartett für zwei Violinen, Viola und Violoncello, op. 16 von Paul Hindemith aufgeführt. In den folgenden Jahren fanden schließlich Uraufführungen von Werken Alban Bergs, Arnold Schönbergs und Anton Weberns statt. Apropos Schönberg:

In seiner fiktiven Komponistenbiografie »Doktor Faustus« verewigte Thomas Mann Donaueschingen als magischen Punkt auf der Landkarte der Moderne und hob ihn in die Sphären der Weltliteratur. Diesen Satz liest man so oder in leicht abgewandelten Varianten alljährlich in Ankündigungen, Programmbüchern und Broschüren der werbenden Veranstalter. Da wäre vor allem der Südwestdeutsche Rundfunk zu nennen, der ja mit seinen Klangkörpern – dem SWR Sinfonieorchester sowie dem SWR Vokalensemble – maßgeblich auch den, wie es auf der Webseite unbescheiden heißt, »Hochstand der Interpretation« garantiert. Seit einigen Jahren werden alle Konzerte live im Kulturprogramm SWR2 des Südwestrundfunks und im Internet übertragen.

Und dennoch: Die Hemmschwelle liegt hoch, sehr hoch. Sie ist gar höher als die höchste Kuppe des Schwarzwalds, der Feldberg. Und die lobende, hier tatsächlich völlig ironiefreie Erwähnung Donaueschingens in einem Roman von Thomas Mann macht die Sache zumindest für ängstliche Kulturleute nicht leichter. Carlos, der mexikanische Komponist, hatte schon recht: Wer sich zu den Musiktagen traut, ist entweder zu bemitleiden, weil er schlimm leiden wird unter den Tönen, Klängen und Geräuschen, die nur in den seltensten Fällen eine Melodie ergeben und ein seltsames Druckgefühl im Ohr und im Bauchraum hinterlassen. Oder er findet es einfach gut, inspirierend, horizonterweiternd, mitunter hinreißend sophisticated. In beiden Fällen aber gibt es einen Distinktionsgewinn wie bei keinem zweiten Musikfestival in diesem an Festivals nicht gerade armen Land. Eine Stofftasche mit dem Aufdruck »Donaueschinger Musiktage« zeugt von Mut und Kennertum und ist daher unbedingt als Mitbringsel zu empfehlen. Ein viel cooleres Souvenir als jede Kuckucksuhr made in China.

Und wenn wir schon beim Druck sind, sind wir auch schon bei der ersten Uraufführung an diesem Oktobersonntag. Der Mozartsaal ist nicht ganz ausverkauft, dafür wirkt die Bühne angesichts des zahlreich erschienenen Personals überbesetzt. Die Musiker des famosen Klangforums Wien sitzen und stehen bereit, um das Stück »Resilienztraining« des argentinischen Komponisten Eduardo Moguillansky, Jahrgang 1977, zu intonieren. Der Dirigent ist Ilan Volkov, vor ihm zwanzig Musiker mit ihren klassischen Instrumenten – und vier Turntables, Drehscheiben, wie man sie von Plattenspielern kennt. Wer sich nicht ein klitzekleines bisschen vorbereitet hat und die Augen schließt, könnte den Eindruck gewinnen, dass auf der Bühne irgendetwas kaputtgegangen wäre. Was man zu hören bekommt, fühlt sich schmerzhaft in den Gehörgängen an, als hätte jemand einem Nagellackentferner ins Ohr geträufelt. Quietschend. Leiernd. Wie eine Audiokassette aus den Achtzigern, die zu lange in der Sonne gelegen hat und folglich irgendetwas Eierndes von Pink Floyd von sich gibt.

Doch mit ein bisschen gutem Willen und dem Blick ins Programmheft wird man locker und das

Gehörte offenbart Sinnhaftigkeit. Moguillansky untersucht Figuren der Fügsamkeit, der Konditionierung. Was geschieht, wie reagiert man, wenn jemand oder etwas Druck ausübt? Konkret werden die rotierenden Drehscheiben mit Gewichten beschwert, die man etwa beim Hanteltraining stemmt. Diese variierenden Gewichte bremsen die Drehung der Scheiben, der umgewandelte Ton reagiert empfindlich. Dazu die Streicher, die Schlagwerke, das Saxofon. Der Mensch im Maschinenpark: Soll er ausweichen oder doch lieber Gegendruck aufbauen? Das Stück dauert etwa siebzehn Minuten lang und ist, auch wenn sich die angereisten Großfeuilletonisten Tage später tendenziell skeptisch äußern, ein hörenswerter Höhepunkt der Musiktage. Disharmonisches ist, wenn es dermaßen konsequent und ohne Effekthascherei wie bei diesem Beitrag des gefeierten Klangforums Wien zu Gehör gebracht wird, unbedingt auch ein politischer Kommentar. Ein Musiktheater der besonderen Art. Wer dem Druck nicht standhält, ob Turntable, Zuhörer oder Angestellter in einem Büro, der muss weichen. Applaus. Kein Bravo. Egal. Im Foyer warten eine Brezel, ein Tee, Freaks und fanatische Musikfreunde. Dann schon kommt das nächste Stück, die nächste Uraufführung, der nächste Angriff auf die ollen Hörgewohnheiten. Donaueschingen ist allemal ein Ganzkörpererlebnis, Gänsehaut und Migräne inklusive. Wer sich dorthin traut, dem öffnet sich eine andere Welt, in der die Donau heiser-rau und rauschend plötzlich den Berg hinauffließt.

Schlemmen wie Gott im Schwarzwald

*Baiersbronn ist der Ort mit der höchsten kulinarischen
Sterne-Dichte. Manch einer will deshalb nie mehr
wieder weg oder immer wieder hin*

Den Willkommensgruß aus der Küche überbringt
Frau Würstle, es ist eine silberne Etagere mit appe-
titanregenden Häppchen, deren Anblick das hungrige Auge entzückt. Serviert werden vier mundge-
rechte Kostbarkeiten, die so schön wie Broschen
glänzen. Sushi mit Algencracker, eine süßlich-her-
be Lauchtarte, ein Hauch Hering auf Schüttelbrot
sowie das Kalbstartar mit Kresse und Piment
d'Espelette. Man kann das, hapshaps, einfach so
verputzen und »lecker« sagen und nachspülen mit
einem Schluck guten Pinot Noir aus Oregon, das
Glas für sechzehn Euro, die sehr gute Empfehlung
des Sommeliers. Man kann das Quartett aber auch
als ernsthaftes Vorspiel zu einer aromatischen, präzise dirigierten Gaumenoper ansehen, in der vorab
die geschmacklichen Leitmotive allesamt virtuos
angedeutet werden. Der Küchenchef will seinen
Gast offenbar nicht überwältigen, er will, dass er
mit seiner Zunge denkt und erkennt: Essen ist mehr
als nur Sättigung, auch mehr als nur Genuss. Essen
ist die Kunst des verfeinerten Lebens.

Ein Woche ist es her, dass die Gourmettempel-
ritter des allseits gefürchteten Geschmacksordens

vom »Guide Michelin« ihre aktuelle Deutschland-
ausgabe veröffentlicht haben. Unter den bundes-
weit dreihundertneun Sternerestaurants finden
sich die meisten in Baden-Württemberg, nämlich siebenundsiebzig. Zehn Restaurants in ganz
Deutschland gibt es, die vom »Guide Michelin«
mit der höchsten Auszeichnung – drei Sternen –
ausgezeichnet worden sind. Deutschland ist groß.
Doch zwei Restaurants mit drei Sternen befinden
sich nur einen längeren Spaziergang voneinander
entfernt, in Baiersbronn im Schwarzwald. Dazu
gibt es in der sechzehntausend Einwohner zählenden Ortschaft, die unter Kulinarikern als »Sterne-
dorf« bezeichnet wird, noch zwei Restaurants, die
mit je einem Stern bedacht worden sind. So richtig
plausibel kann man sich diese Sterne-Dichte nicht
erklären. Der Gourmetkritiker der *Süddeutschen
Zeitung* hat sich kürzlich in seiner kulinarischen
Spurensuche in Baiersbronn ein Rechenexempel
erlaubt. Er schätzte einmal, wie viele Sterne eine
Millionenstadt wie Berlin haben müsste, wenn
man die Baiersbronner Sternezahl auf die Zahl
der Einwohner umlegte. Berlin müsste demzu-
folge achtzehnhundert Sterne aufweisen, um auf
dieselbe Qualitätskonzentration zu kommen. Doch
Berlin hat insgesamt nur siebenundzwanzig Sterne
eingeheimst, verteilt auf zweiundzwanzig Lokale,
was auch schon ganz okay ist. Aber im Vergleich
zu Baiersbronn ist Berlin ein rauchende Frittenbu-
de.

1992 wurde Claus-Peter Lumpp Deutschlands
jüngster Zwei-Sterne-Koch. 2007 bekam er den

dritten Stern und will ihn seitdem nicht mehr
hergeben. Hermann Bareiss, der Chef des gleich-
namigen Luxushotels und Spitzenrestaurants im
Ortsteil Mitteltal, hat einen gehörigen Anteil am
weltweiten Erfolg und Ruf des »Sternedorfs«.
Bareiss erkannte früh das Talent des ambitionier-
ten Reutlingers, förderte es und schenkte Claus-
Peter Lumpp das Vertrauen, was auch Mut erfor-
derte. Denn Lumpp ist keiner, der mit allen Moden
geht, was gerade in unserer Zeit der andauernden
medialen Selbstinszenierung von Ausnahmekö-
chen wie auch brutzelnden Dilettanten ein gewis-
ses Risiko darstellt. Der Fünfundfünfzigjährige gilt
als Traditionalist, als frankophiler Sturschädel aus
dem Schwabenland, der es meisterhaft versteht,
das Erbe der Haute Cuisine auf behutsame Weise
neu zu interpretieren.

Saibling in Olivenöl pochiert mit mariniertem
Chicorée an Blutorange und Zitrusvinaigrette. Das
Gericht klingt weit weniger spektakulär, als es in
Wahrheit ist. Es ist Anfang März, draußen ist es
nachtdunkel und daunenjackenkalt; doch im Mund
ist schon warme Sonne, ist Frische und Duft, ist
längst Frühling. Das eigene Vokabular reicht nicht
aus, um all die Bitter- und Säurenoten zu beschrei-
ben, die miteinander aufs Vorzüglichste harmonieren und ins Gespräch kommen. Eine Offenbarung,
keine Frage.

Wer sich auf Claus-Peter Lumpps Kochkunst
einlässt, darf keine Revolutionen oder Provoka-
tionen erwarten. Weder findet man im »Bareiss«
die Molekularküche, die lange Zeit in der Spitzen-

gastronomie dominierte, noch wird man mit einem fanatischen Regionalismus bei der Auswahl der Produkte belästigt. Dafür ist bei Lumpp die selbstkritische Auseinandersetzung mit den vermeintlichen Abgründen der Haute Cuisine deutlich spürbar. Die französische Spitzenküche geriet irgendwann einmal bei den radikalen Erneuerern in Verruf: Man wandte sich ab vom Exotismus, der Verschwendung, der Exklusivität um ihrer selbst willen. Hummer, Gänseleber, der Einsatz von Butterbergen sowie tagelanges Reduzieren von Saucen schienen plötzlich aus einer anderen Zeit, in der aufgedunsene, teuren Bordeaux sabbernde Gourmets einem Fetisch huldigten. Lumpp zeigt aber, wie die linksrheinische Tradition mit der Moderne versöhnt werden kann. Die Haute Cuisine zitiert sich selbst. Leicht, unprätentiös, ja dialektisch kommt dieses Handwerk daher. Und dialogisch.

Nach der frühlingshaften Offenbarung mit den geschmacklichen Zitrusexplosionen in C-Dur zieht einen der Küchenchef auf den Boden der Tatsachen zurück: mit einem melancholischen bretonischen Steinbutt mit erdenschwerem Topinambur, karamellisierten Haselnüssen, hübsch arrangiert in einer wunderbar cremigen Petersiliensauce. Der Fisch ist mild im Geschmack und zart in der Textur. Doch erst das eigentlich profane Allerweltssuppenkraut, die olle Petersilie, gibt der Komposition einen irren, vielleicht sogar hoffnungsfrohen Ausklang in einem frischen Dur. Und keine Zutat, die nicht auf diesen Tellern für sich tönt, ohne dabei andere zu übertönen. Das Magazin *Der Fein-schmecker* zitierte Claus-Peter Lumpp mit den Worten: »Ich bin nur der Dirigent, mein Team das Orchester und gemeinsam versuchen wir die Noten für unsere Gäste perfekt und harmonisch klingen zu lassen.«

Es existieren schönere Orte im Schwarzwald als Baiersbronn. Wer von Ortsteil zu Ortsteil fährt und nicht weiß, dass er sich im Santiago de Compostela der Feinschmecker befindet, drückt möglicherweise aufs Gaspedal. Und tschüss. Die einzige nennenswerte Sehenswürdigkeit architektonischer Art sind nicht etwa die Luxushotels Bareiss und Traube Tonbach. Nein, es ist die romanische Dorfkirche im Ortsteil Klosterreichenbach, die man sich unbedingt mal näher anschauen sollte. Sehr wenig, das. Jene aber, die nur wegen der Schmauserei nach Baiersbronn gereist sind, wollen unter Umständen nie mehr wieder weg von hier. Wen interessieren noch die bescheidenen romanischen Dorfkirchen, wenn die Kathedralen der Kulinarik dermaßen prächtig sind.

Und als Hauptgang ein Milchkalbsfilet mit Butterlauch und braisierten Shiitake-Pilzen. In einem Extraschälchen eine korrespondierende Alternative, das Milchkalbsbäckchen, und zwar geschmort mit dem Urgetreide Emmer. Beide Varianten sind wie Geschmacksvexierbilder. Lumpp will auch immer, dass man weiß, dass er sich was gedacht hat. Das Gleiche ist nie dasselbe, beim Milchkalb, aber auch sonst. Das unendlich zarte Fleisch hat eine rauchige Note, es duftet nach Wald, nach Pilzen, nach einem schönen Land mit vielen Bäumen, zwischen denen magische Köche hausen, die ihre Gäste aus Nah und Fern glücklich machen.

Dann kommt noch der junge Herr Özcan mit dem anhängergroßen Käsewagen über den dicken Teppich gefahren. Es ist wahrscheinlich der größte Wagen in der deutschen Spitzengastronomie. Dreistöckig, mit Kurbelantrieb und gebogener Windschutzscheibe. Herr Özcan bräuchte, würde er alle Käsesorten aufzählen, schätzungsweise drei Stunden. Was er empfiehlt, ist völlig ausreichend und von überdurchschnittlicher Qualität. Achtzig Prozent des ausgewählten Käses kommt aus Frankreich. Auch das ist typisch für diesen Teil des Schwarzwalds.

Plötzlich steht der Chef am Tisch, und zwar im weißen *Küchenkittel*, wie man im Schwäbischen sagt, und fragt ganz ohne Marinade auf der Stimme: »Und, war alles in Ordnung?« In Ordnung? Mein Gott, ja, das war es. Und ob das in Ordnung war!

Klappe, die nächste!

*Wo heute »Tatort«-Kommissare nach Spuren
und närrischen Mördern suchen, wurden einst
die kriegsferne Natur und Halbgötter in Weiß
angehimmelt*

Angetrunkene Matrosen und Funkenmariechen
torkeln durch die Gassen. Jemand schreit, eine
hysterische Hexenlache tanzt einen von der Seite
an. Aus einer Spelunke in der Hauptstraße stampft
der dumpfe Beat zum Refrain »Saufen, morgens,
mittags, abends, ich will saufen«. Und dann noch
einmal. Und immer wieder ertönt dieses Klatschen,
als würde jemand geohrfeigt, ganz in der Nähe.

Ausnahmezustand in Elzach, einer Kleinstadt
nördlich von Freiburg. *Fasnet* im Schwarzwald!
Jetzt zieht über dem Epizentrum des forcierten
Narrentreibens und todernsten Frohsinns auch
noch ein Sturm auf. Ein windumtoster und wol-
kenverhangener Nachmittag im März. Fies drein-
blickende Gestalten mit grienenden Fratzen haben einen entdeckt, mit gruseligen Knurrlauten
machen sie auf sich aufmerksam.

Die *Schuttige* sind unterwegs, überall. Das Klatschen, das kommt von ihnen. Sie tragen schrecken-
erregende Masken aus Holz vor dem Gesicht.
Dazu auf dem Schädel einen mit Schneckenhäus-
chen besetzten Strohhut, an dessen Spitzen sich

große Wollkugeln befinden. In Anzügen aus Sack-
leinen, die mit roten Filzfetzen verziert sind und
jede Bewegung des Körpers feuriger erscheinen
lassen, ziehen sie mit Stöcken umher, an deren En-
den Schweinsblasen befestigt sind. Damit schlagen
sie gezielt zu. Das Schlagen mit den Blasen erinnert
an jene christliche Tradition, als vor der vierzig-
tägigen Fastenzeit noch einmal geschlachtet wurde. Damit schlägt und neckt der *Schuttig* bei den
Umzügen die Zuschauer in der Menge, vor allem
junge Frauen und Mädchen. Die Blasen – *Blodere*
genannt – sind vor allem auch ein Fruchtbarkeits-
symbol. Seit Jahrhunderten wird dieser Brauch
alljährlich gepflegt. In Elzach, einer Hochburg der
alemannischen Fasnacht.

Doch an diesem Nachmittag wird aus dem Nar-
renspiel womöglich brutaler Ernst. In der Weyergassen unweit des Rathauses geht es hoch her. Ein
junges Paar mit Kind bahnt sich den Weg durch
den Narrenpulk, es küsst sich, man ist ausgelassen,
trinkt etwas aus einer mitgebrachten Schnapsfla-
sche. Plötzlich werden die beiden und das Kind
von einem halben Dutzend *Schuttige* angegriffen,
abgedrängt und voneinander getrennt. Die junge
Frau schreit, brüllt wild fuchtelnd um Hilfe, das
Kind hinterher. Niemand nimmt Notiz, selbst jene
nicht, die aus dem ersten Stockwerk eines Wohn-
hauses gaffen. Die *Schuttige* ziehen die Frau hinter
die nächste Häuserecke, vielleicht ist es eine Ver-
gewaltigung. Oder eine Entführung?

»Danke, danke«, ruft Jan Bonny mit sonorer
Stimme. Schirme werden aufgeklappt. Bonny steht

hinter seinem Kameramann und winkt die *Schuttige* samt Paar und Kind zu sich. »Komparsen, bitte«, ruft Bonny, der Regisseur. »Das machen wir gleich nochmal.« Und alles wieder auf Start. Das war jetzt schon der neunte Versuch, die Szene in der Weyergassen in den Kasten zu bekommen. Der Journalist darf jedes Mal hinter der Kamera mitgehen, ausnahmsweise, Jan Bonny ist so nett. Er ist vierzig Jahre alt und führt Regie bei diesem Fernsehkrimi, der in der »Tatort«-Reihe im kommenden Herbst an einem Sonntagabend in der ARD erstmals ausgestrahlt werden soll. Produziert vom SWR wird der Film unter dem Arbeitstitel »Masken«. Bonny ist kein Unbekannter in der Branche, sonst hätte man ihm auch nicht die Regie für den prestigeträchtigen »Tatort« überantwortet. Gerade hat er einen politisch brisanten Spielfilm über die Beziehungsdynamik eines rechten Terrortrios gedreht und in die Kinos gebracht, der von der Kritik zwiespältig bis begeistert aufgenommen wurde. In »Wintermärchen« sind die Parallelen zum NSU-Skandal kaum zu übersehen, auch wenn es, wie Bonny unermüdlich betont, kein Film über die realen Mitglieder des rechten Terrornetzwerks des sogenannten »Nationalsozialistischen Untergrunds« ist.

Doch nun geht es um ein anderes Drehbuch, nämlich um den Mord an einem Geschäftsmann, der seine Frau zu einer Schönheitsoperation in den Schwarzwald begleitet hatte. Die Kommissare Franziska Tobler (Eva Löbau) und Friedemann Berg (Hans-Jochen Wagner) müssen inmitten des närrischen Treibens den Fall aufklären. Heute Nachmittag wurde eine Szene um die beiden Hauptdarsteller Darja Mahotkin und Andrei Tacu zusammen mit einigen Komparsen in der Weyergassen gedreht. Diszipliniert und unbeeindruckt vom beginnenden Starkregen gehen sie wieder in ihre Ausgangsposition. Der Assistent hält die Klappe bereit, gleich wird sie zum zehnten Mal für diese Szene zuschnappen. »Und bitte«, ruft Jan Bonny.

Fünf Drehtage lang lieferte die Stadt Elzach die Kulisse des neuen Schwarzwald-»Tatorts«, fünf von vierundzwanzig Tagen im Schwarzwald. Insgesamt wurden dreihundert Laien gecastet, fünfzig davon allein in Elzach. Und unter ihnen war auch der *Oberschuttig* von Elzach, der Vorstand der berühmten Narrenzunft Armin Becherer. Er erzählt, dass man im Vorstand der Zunft das Anliegen der Fernsehleute zunächst »kontrovers« diskutiert habe, schließlich bedeuteten solche Dreharbeiten während der *Fasnet* eine möglicherweise empfindliche Störung des unumstößlichen Rituals der Umzüge. Dennoch entschloss man sich für die Dreherlaubnis und die rege Unterstützung. Und mittlerweile ist Armin Becherer überzeugt davon, dass dieser Film »einer der besten ›Tatorte‹ der Geschichte« wird. Vielleicht. Sicher ist: Die »Tatort«-Reihe ist ungeheuer erfolgreich, das Format lockt jeden Sonntag Millionen Zuschauer vor die Bildschirme. Der letzte »Tatort« aus dem Schwarzwald mit dem ermittelnden Duo Tobler und Berg erreichte in Deutschland eine Einschaltquote von mehr als neun Millionen Zuschauern.

Es ist nicht das erste Mal, dass der Schwarzwald als Statist oder als Hauptdarsteller recht eindrücklich vor der Kamera steht. Eine der erfolgreichsten Kinoproduktionen Deutschlands in der Nachkriegszeit war zweifelsohne die berühmt-berüchtigte Schmonzette »Schwarzwaldmädel«. Sechzehn Millionen Kinobesucher verfolgten die Liebesgeschichte von Bärbele und Hans, dargestellt vom damaligen Traumpaar des Films Sonja Ziemann und Rudolf Prack. Die erste westdeutsche Nachkriegsproduktion in Farbe läutete 1950 die Ära des harmoniesüchtigen, die Natur und Berge verklärenden Heimatfilms ein.

Der Film, den man heute kaum mehr ohne die dämpfende Narkotisierung durch einen guten hausgebrannten Schwarzwälder Hochprozentigen anschauen kann, prägte das Bild des Schwarzwalds in der Öffentlichkeit nachhaltig. Ein Fluch und Segen zugleich. Noch heute gilt für Unbelehrbare das waldreiche Mittelgebirge zwischen Calw, Freiburg und Baden-Baden als Inbegriff der heilen Welt, worüber jeder Schwarzwälder nur müde lächeln kann, sofern er nicht vom Tourismus und solchen unzerstörbaren Klischees profitiert. Als Kulisse für die imagebildende »Schwarzwaldmädel«-Produktion diente unter anderem die Kirche des Klosters St. Peter samt Volksfest auf einem Plateau des Hochschwarzwalds. Zur Premiere des Films am 7. September 1950 in einem Stuttgarter Kino erschien der damals umjubelte Filmstar Sonja Ziemann in Schwarzwälder Tracht.

Fünfunddreißig Jahre später wurde wieder

eine Tracht aus dem Schwarzwald zum Zuschauerliebling: der Arztkittel des Professor Brinkmann aus der »Schwarzwaldklinik«. Jeden Samstag verfolgten enthusiasmierte Fersehzuschauer das Leben und Leiden aus einem fiktiven Klinikalltag im Glottertal. Mit der Rolle des weisen, manchmal aufbrausenden, aber immer gutherzigen Chefarztes wurde Klausjürgen Wussow beinahe so weltberühmt wie Horst Tappert als ermittelnder TV-Oberinspektor mit der Krimiserie »Derrick«. Die »Schwarzwaldklinik« lief in mehr als vierzig Ländern, das Format wurde allein in Deutschland an einem Abend von bis zu achtzehn Millionen Menschen gesehen und ist bis heute eine der erfolgreichsten Fernsehserien des ZDF. Als Drehort diente der sogenannte Carlsbau im Glottertal, der auch in der Wirklichkeit ein Krankenhaus samt Kureinrichtung ist. Zudem wurde am Schluchsee und Titisee sowie an den Triberger Wasserfällen gedreht. Die schmucke Villa des Chefarzt-Ehepaars – neben Klausjürgen Wussow wurde Gaby Dohm zur gefeierten Seriengröße – findet sich rund sechzig Kilometer von der Klinik entfernt – anders als das Krankenhaus kann das Heimatmuseum Hüsli in Grafenhausen allerdings besichtigt werden. Dessen Anwesen diente auch in der Schlagerkomödie »Schwarzwaldfahrt aus Liebeskummer« als idyllische Kulisse, die 1974 in die deutschen Kinos kam und der letzte Kinofilm mit dem schauspielernden Schlagersänger Roy Black war.

Die siebzig exportierten Folgen der »Schwarzwaldklinik« kamen vor allem in den Vereinigten

Staaten gut an. »Die Schwarzwaldklinik« war so etwas wie die deutsche Rache für »Denver« und »Dallas«. Siebenhunderteinundfünfzig Drehtage, zweihundert Kilometer Film, sechshundertvierundachtzig Darsteller: Viele Fans pilgern noch heute etwas orientierungslos in dem schönen Örtchen im Glottertal umher, auf der Suche nach den Originalschauplätzen. Was sie nicht wissen, und das ist auch gut so: Alle Innenaufnahmen sind in Hamburg entstanden. So schön und groß ist der Schwarzwald, er reicht fast bis zur Nordseeküste. Und Klappe, die nächste, bitte!

Der Krieg, die Architekten und das Holz

Manche Bausünden entstellen die Landschaft, doch jüngst punkten Architekten mit liebevoll nachhaltig sanierten uralten Schwarzwaldhäusern

Eine Welt liegt in Trümmern. Die Stadt Pforzheim gilt als zu hundert Prozent zerstört. Am Abend des 25. Februar 1945 greift die Royal Airforce die Stadt mit dreihundertachtundsiebzig Flugzeugen an, davon dreihundertachtundsechzig Bombern, beladen mit Hunderten Tonnen Spreng- und Brandbomben. Zweiundzwanzig Minuten dauert der Angriff, dann lodern vierhunderttausend kleine Brände. Etwa siebzehntausend Menschen sterben, das entspricht einem Fünftel der Einwohnerzahl.

Augenzeugen berichten, nicht ein einziges Haus habe mehr gestanden. Nicht einmal drei Monate später ist der von den Deutschen angezettelte Zweite Weltkrieg verloren und vorbei. Wie überall wird in der Stadt, die am nördlichen Rand des Schwarzwalds gelegen ist, so etwas wie ein ziviles Leben wieder aufgebaut. Auch da viele der besten Architekten vertrieben oder ermordet wurden, Material und Geld überdies knapp sind, wird eher schnell als architektonisch anspruchsvoll gebaut.

Hauptsache, ein Dach über dem Kopf – damit begnügt man sich nicht, als 1951 die Errichtung eines Gebäudes beginnt, das heute als eines der wichtigsten öffentlichen Bauwerke der Nachkriegszeit gilt: die Matthäuskirche, entworfen von Egon Eiermann (1904–1970). Seinen Namen verbindet man womöglich eher mit dem Langen Eugen (dem hundertfünfzehn Meter hohen ehemaligen Bonner Abgeordnetenhaus). Oder – für Berlin-Touristen Pflicht – mit der Kaiser-Wilhelm-Gedächtniskirche. Vorbild für die Kirche in Charlottenburg ist aber tatsächlich die Kirche aus Pforzheim. Ein Bau aus Schutt und Beton und buntem Glas. Er markiert den Anspruch auf einen auch gestalterisch radikalen Neuanfang. Der Weg zur nach dem Schwarzwaldfluss Oos benannten Straße im Stadtteil Arlinger führt durch ein zusammengewürfeltes Nachkriegsbaugebiet. Manche Doppelhaushälfte aus den Fünfzigern wird schon wieder renoviert von der übernächsten Generation, nicht immer zum Besseren. In der Ferne sieht man den Schwarzwald, dann, ziemlich unvermittelt, taucht die Matthäuskirche vor einem auf, es ist ein erschütternder Anblick.

Kleiner als gedacht und deutlich roher, einfacher, ärmlicher. Auch wer nicht gläubig ist, denkt an den Bibelspruch von Matthäus: »Was hülfe es dem Menschen, wenn er die ganze Welt gewönne und nähme doch Schaden an seiner Seele?« Diese Kirche ist Zeugnis einer verwundeten Welt. Die erste Kirche aus Sichtbeton, die Wandflächen sind mit wabenartig wirkenden Fensterelementen voller bunter Glasscheiben gefüllt. Sie stammen von dem Glaskünstler Hans Theo Baumann.

Helle und rötliche Wabensteine – aus dem Schutt der Stadt – zeigen eine von den Spuren des Zweiten Weltkriegs gezeichnete Kirche, lassen sie wie geflickt, verletzlich wirken. Kein Béton Brut, nichts Brutales, Trutziges haftet ihr an. Sie spricht davon, wie eine Welt zusammengestürzt ist, will nichts schönspachteln, zudecken. Machen wir aus der Welt in Trümmern, was zu machen ist, bewegen wir uns weiter. Wer die Kirche betritt, ist beeindruckt vom gestalterischen Stimmungswechsel: Das verschiedenfarbige Glas in den Wabensteinen lässt Lichtflecken tanzen und die Optimistischen hoffen, es bestehe Grund für einen hoffnungsfrohen Glauben.

Den hässlichen Betonvorplatz indes hat Eiermann nicht entworfen, er hatte die Kirche mitten in eine Streuobstwiese gesetzt. Die naturnahe Anmutung – Rasen, Trittsteine, Bäume – machte Platz für eine Betonplatte. Manch anderes musste Mitte der siebziger Jahre saniert werden, wurde verputzt, glatt gestrichen, worunter der ursprünglich noch robustere Charakter gelitten hat.

Während der unter Denkmalschutz stehende Sakralbau bis heute ein eindrückliches Antikriegsmahnmal ist, wird in den folgenden Jahren auch andernorts aus falsch verstandener Fortschrittsgläubigkeit einiges niedergerissen, was den Krieg eigentlich überlebt hatte. Der Erbauer der Matthäuskirche profitierte davon. 1960 wurde das berühmte Kaufhaus Schocken von Simon und Salman Schocken in Stuttgart – erbaut von dem jüdischen Architekten Erich Mendelsohn im

Bauhausstil – unter internationalem Protest abgerissen. Ein neues Kaufhaus wurde errichtet, der Architekt: Egon Eiermann.

Wie mit Traditionen brüsk gebrochen wurde, ist bis heute in manch einem Schwarzwalddorf zu sehen. Viele alte Bauernhäuser sind verschwunden, dafür sieht man entlang der Straßen, an den Hängen und in den Tälern lieblose Bauten. Offenbar werden sie auch von ihren Besitzern nicht mehr geschätzt: der Putz an den Außenwänden schmutzig und bröckelnd, notdürftig um- und ausgebaute Zweckbauten. Auch leer stehende Hotelbunker aus den sechziger und siebziger Jahren sprechen davon. Traditionen pflegen und sanieren, das kostet Geld und Zeit. Und fordert Geschichtsbewusstsein. Damals musste alles neu und schön sein für die Wirtschaftswundergäste und die vielen Kururlauber. Kuren werden indes nicht mehr so großzügig verschrieben und beliebte Urlaubsziele am Mittelmeer mit konstant besserem Wetter sind teilweise günstiger als ein Aufenthalt in der nahen Heimat.

Wer heute Besserverdiener locken will, muss auf Ökologie, Nachhaltigkeit, Wellness setzen. Sich auf alte Traditionen der Sommerfrische besinnend hat etwa eine Familie im Südschwarzwald ein altes Hotel fit gemacht. Reisende, die sich bei einer Fahrt durch den Schwarzwald an der Natur erfreuen, sich aber angesichts des vielerorts muffigen Hotelwesens gegruselt haben, juchzen seither, wenn sie in die kleine Straße einbiegen und dann das sich in den Hang einschmiegende Anwesen erblicken. Die Halde. Ein in Würde gealterter Hof mit den typischen Holzschindeln, dem mächtigen Walmdach, putzigen Fenstern, nahebei eine kleine Kapelle.

Auch die Hoffnung, im Inneren möge sich die Liebe zur Tradition restauratorisch durchgesetzt haben, wird nicht enttäuscht. Dass nicht alle Gäste da stilistisch mithalten können und mancher Funktionsjacken- und Billigschuhträger durch das Gebäude latscht – geschenkt, das Haus ist stark genug, auch das auszuhalten.

»Die Halde«, im südlichen Schwarzwald, etwa zwanzig Kilometer von Freiburg entfernt auf der Höhe des Notschreipasses. Seit 1337 besitzt der Hof die Lizenz zur Gästeverwöhnung, hier wird geheiratet, eine wichtige Poststation eingerichtet. Seit Ende des 19. Jahrhunderts ist der Ort auch ein Hotel, es zieht die erholungsbedürftigen Bürger auf den luftige tausendeinhundertsiebenundvierzig Meter hoch gelegenen Haldenhof. Zuerst nur im Sommer, und als das Skifahren nicht mehr nur zum Jagen oder militärischen Zwecken dient und als Spaßsport in Mode kommt, auch im Winter.

Vierhundert Jahre lang ist »Die Halde« in Familienbesitz, immer wieder wird das Haus erweitert, 1931 ist man mit einem »Strandbad« auf der Höhe der Zeit. 1996 wird das denkmalgeschützte Anwesen verkauft, die neuen Besitzer, die Freiburger Familie Bärbel und Peter Moog, nehmen sich eine große Aufgabe vor: Sie wollen den Hof sorgfältig sanieren und fit machen für heute – mit allen Annehmlichkeiten, Wellnessbereich, Sauna,

Schwimmbad, Naturteich, Yoga- und Pilates-Programm inklusive.

Der alte Hof wird in enger Absprache mit dem Denkmalamt, mit dem Natur- und Landschaftsschutz im Stil des »Alemannischen Münstertaler Schwarzwaldhauses« grundlegend saniert, das alte Hotel abgerissen, neu aufgebaut, unter der Leitung von Carl Langenbach, Werkgruppe Lahr. Die Moogs fragen die Gastronomen Lucia und Martin Hegar, ob sie »Die Halde« übernehmen wollen. Sie wollen. Zur Jahrtausendwende eröffnen dann die Gaststube und das Hotel.

Beim Einchecken bekommt der Gast an der Rezeption erst einmal einen Vogel gezeigt, aber stilvoll, von einer modernen Interpretation der Kuckucksuhr, schwarz und eckig. Klug hat man sich entschieden, die Zeichen der Moderne nicht zu verstecken, von der Lobby aus sichtbar ist der gläserne Aufzug, der nahezu geräuschlos auf und ab schwebt; die Sportiven können derweil die sich um den Aufzug rankende Treppe nehmen und schauen, wer schneller ankommt.

In den Zimmern besinnt man sich auf *das* Material der Gegend: Holz, ohne Schnickschnack. Die Armaturen kommen von einem Hersteller aus dem Schwarzwald, neben Holzböden und Decken finden sich im Zimmer natürliche Stoffe, Filzkissen, gemütliche Sofas. Fenster, die für Ruhe, Ruhe, Ruhe sorgen, und eine grandiose Aussicht auf Wälder und Hänge des Haldenköpfle oder mit Blick in Richtung Feldberg. Die gute Lage, die Aussicht wird auch während der Mahlzeiten im neuen hellen Speisesaal mit seinen großen Glasfenstern präsentiert.

Die Zahl der Nostalgiker unter den Hotelgästen ist freilich noch höher. Wer ein Plätzchen in den kleinen Zimmerfluchten im alten Teil der Bauernstube – mit dunkel glänzendem Kachelofen, authentisch knarrenden Dielen, dunkler Holzvertäfelung und Ölschinken an den Wänden – ergattern möchte, sollte sich früh zum abendlichen Menü einfinden. Um dann zum Beispiel Forellen zu verspeisen, die am selben Tag von einem Anbieter aus der Gegend geliefert worden sind.

Wer zu viel regionale Leckerbissen und womöglich zum üppigen Frühstück schon Torte hatte, schwimmt, turnt, stemmt Hanteln. Oder läuft los, direkt vom Haus aus führen Wanderwege in die Natur, etwa zum Schauinslandturm. Das aber verlangt vom entspannungsorientierten Urlauber enorme Disziplin, die Ruhesessel und Liegen, das warme Ingwerwasser dazu, der Ausblick auf die Hügel, die Tannen, also: sich im Spa-Bereich aus den Ruhesesseln zu schälen, das ist fast zu viel verlangt.

Während manche Pension, manches Hotel, das immer noch nicht die Möblierung aus den Siebzigern und Achtzigern ausgetauscht hat, über Gästemangel klagen mag, ist »Die Halde« so gut wie immer ausgebucht. Gestaltungsaffine Großstadtpaare schätzen sie ebenso wie materiell gut gestellte Großeltern, die Kinder und Enkel für einige Tage einladen.

So viel Mühe wird belohnt: 2010 erhält »Die

Halde« den Architekturpreis »Neues Bauen im Schwarzwald« der Initiative »Baukultur Schwarzwald«. Mit der Auszeichnung soll neben neuer Architektur die Bewahrung historischer Bauten gefördert werden. Nachhaltigkeit ist auch ein Standortvorteil. Das Beispiel macht Schule. Schaut man auf die Internetplattform www.urlaubsarchitektur.de, finden sich im Schwarzwald immer mehr architektonisch ansprechende Ferienhäuser. Bei dem 2016 wiederum ausgelobten Architekturpreis wurde auch das Hotel »derWaldfrieden« in dem kleinen, tausendundelf Meter hoch gelegenen Dorf Todtnau-Herrenschwand für sein neues Spa-Haus geehrt – ein imposantes Holzgebäude. Das Haupthaus allerdings, mit mehr altbackenen als altmodischen Stoff-Hängeleuchten im Gastraum, wartet noch auf seine grundlegende Auffrischung.

Wer ohnehin mit Hotels fremdelt und Schönes gern nur mit seinen Liebsten teilt, findet Ferienhäuschen. Eines, erst jüngst renoviert, ist ganz in der Nähe der »Halde« gelegen: Der »Büretenhof« von Karin Eble und Hubert Burdenski in Todtnauberg, in dem sich bis zu zwanzig Personen wohlfühlen können, ist ein sanft renoviertes traditionelles Schwarzwaldhaus von 1780: dreigeschossig, mit Wohn- und Wirtschaftsteil unter dem typischen, tief heruntergezogenen Schindeldach. Im Inneren trifft altes Holz auf neues, moderne Bäder und eine minimalistisch schicke Küche. Das Mobiliar ist schlicht, Designerstühle am Esstisch, aber auch an Kachelofengemütlichkeit mit Felldecken wurde gedacht. Die Designerstühle sind zwar von den Amerikanern Ray und Charles Eames, gefertigt allerdings werden sie in der Region. In Weil am Rhein – am äußerst südlichen Schwarzwaldrandzipfel – ist die Firma Vitra ansässig, die diese beliebten, in den Fünfzigern entworfenen Stühle bis heute herstellt.

Auch wer neu baut, verwendet immer öfter auf das, was es vor Ort gibt: Holz. Unter den Siegern beim Architekturpreis »Baukultur Schwarzwald« 2016 finden sich Werbeagenturen ebenso wie Klosterscheunen, Freibäder, Logistikhallen – und eine Winzergenossenschaft in Waldkirch-Buchholz, einem Örtchen zwischen Wald und Weinbergen. »Sind Sie Architekt?«, fragt der Verkäufer der Winzergenossenschaft Buchholz-Sexau erfreut, wenn man sich in der Vinothek umblickt, offenkundig mehr am mit Eichenholz verkleideten zweigeschossigen Bau mit seinem lang gezogenen Satteldach als an den Weinflaschen interessiert. Die Architekten Cornell Fuchs und Michael Maucher setzen auf klare, ruhige Architektur, Beton, viel Holz und große Fensterflächen, den Blick freigebend auf den Weinberg. Neben dem besagten Architekturpreis gab's dafür den renommierten Hugo-Häring-Preis, den Preis »Beispielhaftes Bauen« und eine Anerkennung vom Holzbaupreis Baden-Württemberg.

So gut fühlt sich der Besucher, der eigentlich nicht als Kunde gekommen ist. Am Ende spaziert er mit zwei Flaschen Sexauer Grauer Burgunder des Jahrgangs 2016 Spätlese und Buchholzer Sauvignon Blanc von 2018 hinaus. Da übrigens verhält er sich ganz wie alle anderen: Innerhalb eines Jahres steigerte die Genossenschaft den Verkauf an der Theke um dreißig Prozent, zehntausend Flaschen mehr sind das, einige dürften in Häusern und Wohnungen von Architekturfreunden getrunken worden sein.

Diese fahren von Buchholz weiter nach Rottweil: Die älteste Stadt Baden-Württembergs in der »Gewinnerregion Schwarzwald-Baar-Heuberg«, wie es die Werbeleute formulieren, wird künftig nicht mehr nur als Fastnachtshochburg bekannt sein und nicht nur »den schönsten gotischen Turm zwischen Paris und Prag zeigen können«, wie auf der Homepage der Stadt zu lesen ist. Sondern auch als ein Ort, der stolz auf ein Wahrzeichen technischer Innovationslust ist. Den Thyssenkrupp Testturm. Egal, ob man sich von der Autobahn A81 oder irgendeiner Landstraße der Gegend um Rottweil nähert, das Bauwerk ist nicht zu übersehen. Der vielfach ausgezeichnete Ingenieur Werner Sobek plante den Turm zusammen mit dem nicht minder berühmten Architekten Helmut Jahn, der in Chicago arbeitet. Von Weitem sieht er aus wie ein riesiger Bohrer. Ein Turm der Superlative: zweihundertsechsundvierzig Meter hoch und damit eines der höchsten Bauwerke im Schwarzwald, eine Besucherplattform auf zweihundertzweiunddreißig Metern Höhe – das ist die höchste ihrer Art in Deutschland. Die Fassade aus Polytetrafluorethylen (PTFE)-Glasgewebefaser gilt als derzeit höchstes Membranprojekt der Welt. Die Membran, so erklären die Experten von Thyssenkrupp, ist ein »hochkomplexer Werkstoff, der langlebig und nahezu selbstreinigend ist«, und sie »schützt vor intensiver Sonneneinstrahlung und reduziert die Eigenbewegung des Gebäudes, indem sie die Kräfte des Windes zerlegt«.

Im Jahr 2018 erhielt Sobek dafür den Deutschen Ingenieurbaupreis, die höchste Auszeichnung in der Bundesrepublik Deutschland für Ingenieure und ihre Projekte. Außerdem gab's dafür den Balthasar Neumann Preis. Der lobt innovative Zusammenarbeiten mehrerer fachlicher Disziplinen, die in baukultureller und technischer Hinsicht ausgezeichnet sind.

Wie die Zeiten sich seit dem Zweiten Weltkrieg auch zum Besseren gewendet haben, zeigt die Reaktion der Bürger auf das Projekt. Dass seit der Eröffnung von 2017 bis Ende 2018 schon zweihundertzwanzigtausend Tickets verkauft wurden, ist nicht nur den Bauherren zu verdanken. Anders als bei der Pforzheimer Matthäuskirche, die skeptisch beäugt wurde, wollten die Bürger in und um Rottweil herum Anteil nehmen an dem Projekt. Dieses war ursprünglich als reiner Testturm für Hochgeschwindigkeitsaufzüge gedacht. Weil aber die Bürger mit Vehemenz eine Besucherplattform forderten, besitzt der Schwarzwald neben dem Nachkriegskirchturm von Eiermann nun einen technisch innovativen Turm von Sobek, mit dem man zwar nicht in die Zukunft sehen, aber immerhin einen Blick von ganz oben auf den Schwarzwald riskieren kann.